JN083735

Python(パイソン)&AIによる
Excel自動化入門

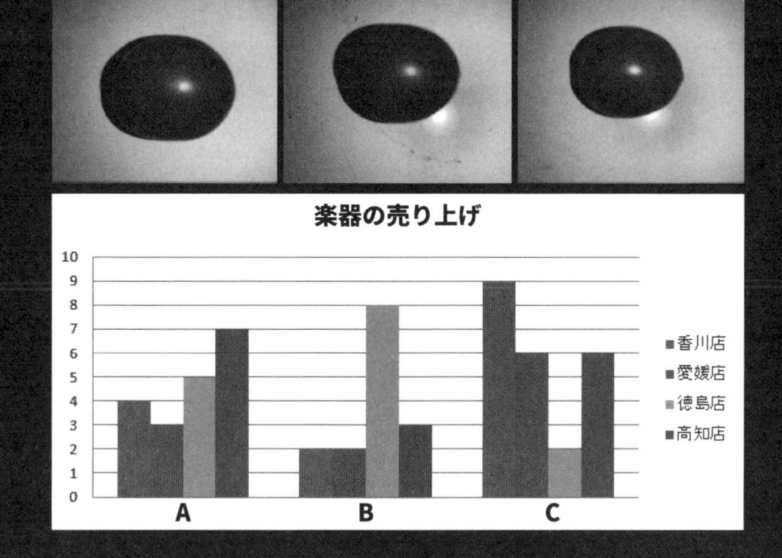

はじめに

本書は「Python」でプログラミングしたデータを「Microsoft Excel」の独自形式「xlsx」ファイルに読み書きして、「Excel」のデータ整理などを「自動化」する入門書です。

＊

ご存知のように、「Python」は世界的に人気のあるプログラミング言語で、「Excel」はもっとも有名な表計算ソフトです。

「Python」には「モジュール」を読み込んで、外部のプログラムを使えるようにできる機能があります。

非常にたくさんのモジュールがあるので、これらを使えば、さまざまなプログラミングの結果を「xlsx」ファイルを使って「Excel」で表示できます。

特に重要な「OpenPyXL」モジュールを使って、「Excel」のワークシートに「行」や「列」のセルに「数値」「文字列」「グラフ」などを入れて、「xlsx」ファイルに読み書きできます。

＊

注意してほしいのが、Pythonを使っても「Excel」本体を制御したりはできません。

あくまでも「xlsx」ファイルを読み書きするだけです。

Excelに内蔵されたスクリプト言語「VBA」(Visual Basic for Applications)を使ったほうが、Excel内でできることはたくさんあります。

ただ、「Python」を使えば、本書のテーマでもある「AI」(人工知能)などの高度なプログラミングもできます。

＊

学校でも「Python」を習うようになってきた昨今、「Python」でいろんなことができることを知ってもらえたら。

また、「データベース」としてExcelを用いて、手軽に「AI」を扱うのに役立てたら幸いです。

大西　武

Python & AIによるExcel自動化入門

CONTENTS

コラム目次

「サンプル・ファイル」のダウンロード

本書の「サンプル・ファイル」は、工学社ホームページのサポートコーナーからダウンロードできます。

<工学社ホームページ>

http://www.kohgakusha.co.jp/support.html

ダウンロードしたファイルを解凍するには、下記のパスワードを入力してください。

T3k4GW9S

すべて「半角」で、「大文字」「小文字」を間違えないように入力してください。

第1章

「Python」と「Excel」と「AI」

この章では、本書で扱う「Python」「Excel」「AI」について、簡単に解説します。

1-1 プログラミング言語「Python」

この節ではプログラミング言語「Python」と、「パッケージ」「モジュール」について簡単に解説します。

■「Python」とは？

「Python」(パイソン)は、本格的なプログラミングができる言語の中では、もっともシンプルでイージーなプログラミング言語の1つであると言えます。

プログラミング言語「C/C++」に少し似ていて、たとえば「変数」や「関数」や「クラス」がもてる本格的なプログラミング言語です。

「C/C++」などはコンピュータが理解できるマシン語にビルドしてから実行できる「コンパイル言語」であるのに対し、Pythonはスクリプトである「pyファイル」をビルドせず即座に実行できる「インタプリタ言語」です。

「インタプリタ言語」は、すぐに結果が分かるのが長所ですが、実行速度が遅いという短所もあります。

Pythonは次のURLにある公式サイトから無料でダウンロードできます(図1-1)。
最新版は「バージョン 3.10」(2021年12月現在)です。

・Pythonの公式サイト

https://python.org/

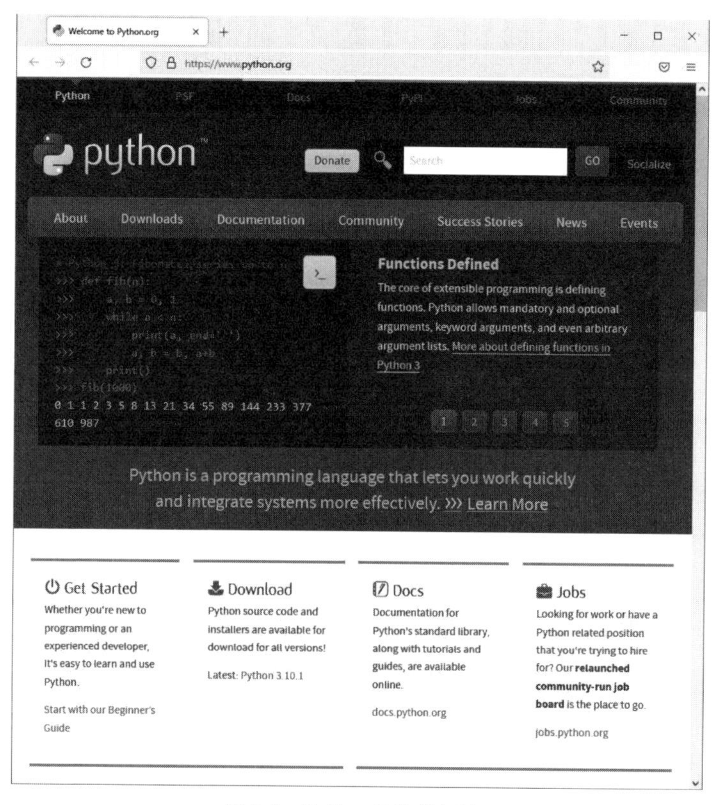

図1-1 Pythonの公式サイト

公式サイトには、「Pythonはオープンソースで自由に使ったり配布したりでき、無料で商用利用もできるライセンス」と、書いています。

Pythonで「Webアプリ」「データベースアクセス」「デスクトップGUI」「科学や数学」「教育」「ネットワークプログラミング」「ソフトウェア開発」「ゲーム開発」などのアプリケーションが作れます。

Pythonでは「Kivy」パッケージを使えばスマホアプリも開発できるようです。

ただし「OpenGL ES」を使うので、Androidではまだ大丈夫だと思いますが、iOS、iPadOSでは動作しなくなると思われます。

またiOS・iPadOSには「Pythonista」（パイソニスタ）という有料アプリがあり、そのアプリ上でならPythonをプログラミングして実行することができます。
iOS・iPadOS上でプログラミングできる「IDE」（統合開発環境）である点が良いのですが、「スマホアプリ」は作れません。

Pythonのスクリプトは「pyファイル」にコードを書きます。
文字コードは「UTF-8」形式で保存します。

Pythonのもっとも特徴的な仕様は「インデント」ですが、必ずインデントして「if文」や「for文」、「クラス」「関数」などを分けます。
インデントとは「字下げ」のことです。

「pyファイル」ごとに半角文字でインデントするか、「タブ」でインデントするか統一しなければなりません。

■「PyPI」とは？

「PyPI」は、公式サイトから「パッケージ」がダウンロードできます。(図1-2)

「パッケージ」とは、1つ以上の関連した機能であるモジュールを1まとめにしたものです。

・PyPIの公式サイト

```
https://pypi.org/
```

図1-2 PyPIの公式サイト

「py」ファイルは、それ自体モジュールとして、他の「py」ファイルから呼び出してその機能を追加することもできます。
　こうすることでいくつでも機能単位のpyファイルのモジュールが作れます。

　「パッケージ」は、「pip」プログラムを使えば、簡単に「インストール」「アンインストール」「アップデート」ができます。
　「PyPI」のサイトでは欲しい機能を探したり、インストール方法がわかります。
　また「py」ファイルだけでなく、もっと処理が高速な「so」ファイルや「pyd」ファイル(Windowsの場合)もモジュールとして読み込めます。

　「pip」とは「Pip Installs Packages」または「Pip Installs Python」の頭文字をとったプログラムです。
　パッケージをダウンロード&インストールするためのプログラムです。
　「pip」はPython本体をインストールすれば一緒に追加されます。
　「pip」を使えば、インストールしたパッケージのモジュールを読み込む際のパスも自動的にセットされるなど非常に便利です。

　本書のテーマである「AI」も、「Excel自動化」も、「pip」でそれらのパッケージをダウンロード&インストールしてPythonでプログラミングします。
　「pip」で機能追加しなければ、Python本体は比較的単純なことしかできません。

■Cythonとは?

　Pythonに関連して**「Cython」(サイソン)**というプログラミング言語もあります。

　Cythonとは「py」ファイルをC言語の「c」ファイルに変換できます。
さらに「c」ファイルを「so」ファイル(または「pyd」ファイル)にも変換できる静的コンパイラです。

　「py」ファイルのままでは実行速度が遅いので、「so」ファイル(または「pyd」ファイル)にコンパイルしてから、主に「py」ファイルから呼び出す実行速度の速いモジュールとして使えます。

Python本体とは別にCythonやCコンパイラなどもインストールしなければならないので、本書ではCythonは解説しません。

Column Python入門書

筆者は他にもPython入門書を執筆しています。
「ゲーム開発ではじめるPython3(工学社)」
「Python3 3Dゲームプログラミング(工学社)」
「Pythonではじめる3Dツール開発(C&R研究所)」
「BlenderユーザーのためのPython入門(C&R研究所)」
「Pythonで作るゲームSNS(C&R研究所)」

1-2 Office Excelについて

この節では「Microsoft」が開発・販売している「Office Excel」について簡単に解説します。「Windows10」で使うことを前提にしているので、「Excel 2013」以降が必要です。

■Excelとは？

「Excel」とは、ワークシートやセルで「表計算」を行なえる有料のソフトウェアです。

データを元に棒グラフや円グラフなど視覚的にグラフを表示することも可能です。

・Microsoft Office Excelの公式サイト

https://www.microsoft.com/ja-jp/microsoft-365/excel

図1-3　Microsoft Excelの公式サイト

Excelを使うには「Office 2013」以降を永続ライセンスで数万円以上払えば、OSが対応していればずっと使うことができます(2021年12月現在)。
できれば、Officeの最新版をお勧めします。

もしくは、「Office 365」を年額1万円以上か月額1000円以上払えば「サブスクリプション」(定額課金)することができます。

こちらは、「Office 2013」以降と違ってOSがバージョンアップしても今のところ支払額は変わりません。

以前は「Office Word」などとセット販売のOfficeシリーズを買わなくてもExcel単体を購入できたのですが、現在ではOfficeシリーズを購入しなければならないようです。

「Excel 2021」は、たとえば**図1-4**のような編集ができます。
図は「在庫リスト」の「テンプレート」です。

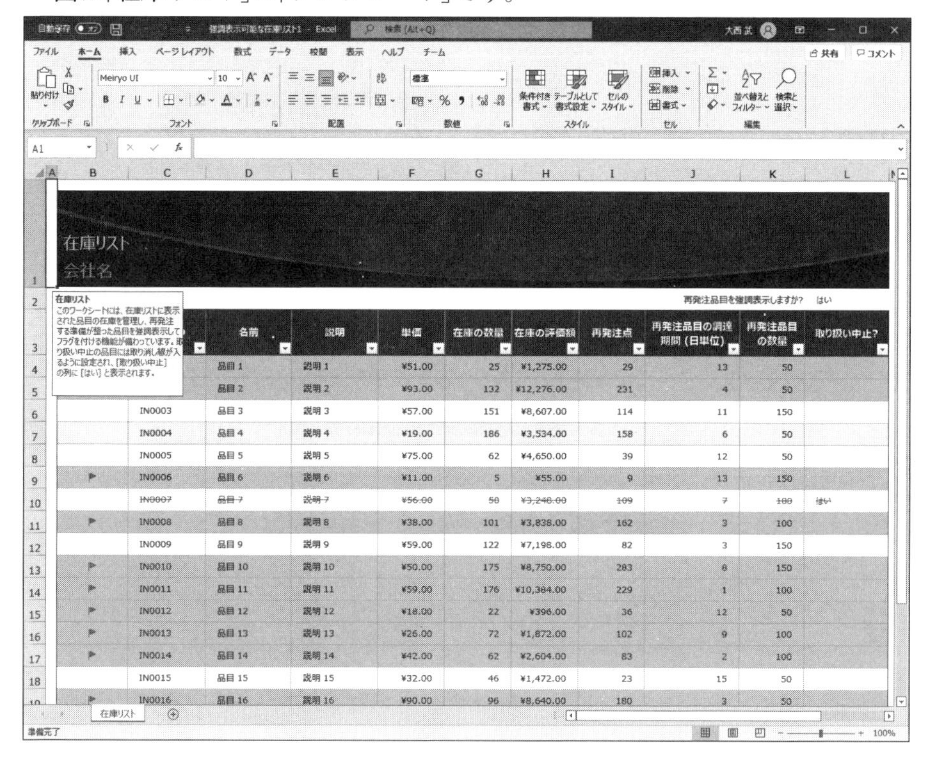

図1-4　Microsoft Excelの作業画面

「テンプレート」とは、直訳すれば「型板」や「鋳型」という意味ですが、Excelでは「定型文」「ひな形」「決まった様式」などの意味もあります。

他にもExcelテンプレートには「カレンダー」「個人予算」「アドレス帳」「スケジュール」「企業の収支」「家計簿」「フローチャート」「請求書」「貸借対照表」「出席表」「家財道具の一覧」「ローン計算」「プロジェクト計画シート」「タイムライン」など、さまざまなものがあります。

もちろん、オリジナルの表を作ることもできます。

■xlsxファイルとは？

「xlsx」ファイルとは「Excel 2007」以降の標準の独自形式ファイルです。

それまでは「xls」ファイルが標準で、今でも読み書きすることはできます。

本書では、Pythonの「OpenPyXL」パッケージでxlsxファイルを読み書きします。

Pythonで「Excel本体」を制御できるわけではないことに注意してください。

本書では、Pythonで書き出したxlsxファイルを、主にExcel本体で閲覧するだけです。

少しだけExcel本体で作成したxlsxファイルをPythonで読み込む解説もありますが、Excel自体の使い方は特に解説しません。

Excel本体では専用プログラミング言語「VBA」(Visual Basic for Applications)を使えばExcel内でもプログラミングはできます。

Column Windows11でExcel

Windows10まではExcel 2013以降が動作しますが、「Windows11」では必ずOffice 2021かOffice 365が必要です。

筆者はまだWindows11を導入していないので、申し訳ありませんが本書ではWindows10で解説します。

1-3　「AI」(人工知能)について

この節では、「AI」について簡単に解説します。
AIがどのように使われているか例をあげて解説します。

■AIとは？

「AI」とは、「Artificial Intelligence」の頭文字を取った略語で、「人工知能」という意味です。
人間にしかできなかった知的なことを、コンピュータを使って計算させます。

つまり、人間の手助けをしたり、人間の代わりをしたり、人間ではできなかった膨大な量の学習までできます。

次の図のようにAIの中には「マシンラーニング」(機械学習)があり、マシンラーニングの中には「ディープラーニング」(深層学習)があります。

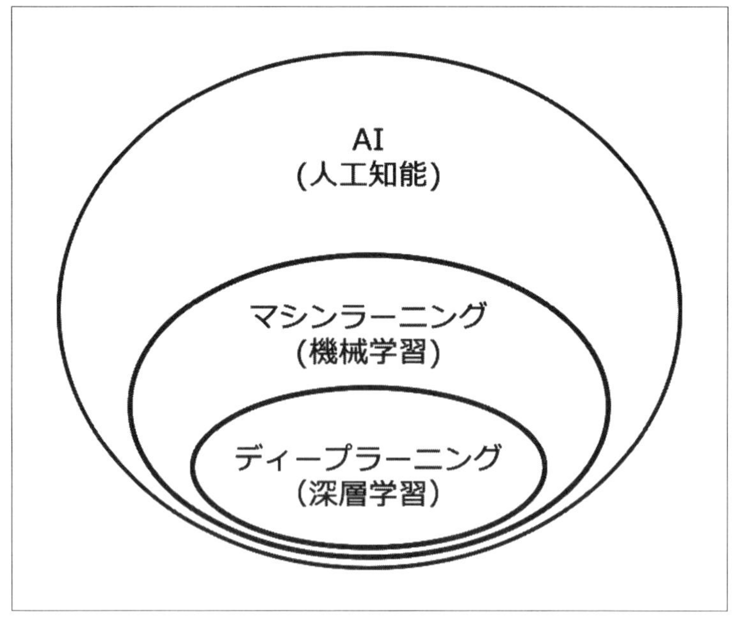

図1-5　AIの関係図

AIのシステムを「フルスタック」で開発しなくても、既に存在するシステムを利用するだけでもAIに計算させることはできます。
「フルスタック」とは、簡単に言えば「0からシステムをすべて開発すること」です。
理系のプログラマーが「フルスタック」でAIのシステムを開発し、文系でも理系でもそれを使ってAIを処理すればいいでしょう。
本書では、AIの中身までは解説しません。つまり「フルスタック」での開発はしません。

■AIの使用例

本書ではAIの使用例として「自然言語の翻訳」「OCR」「画像認識」を解説します。
この節では、少しだけ簡単に書き、**第4章**以降で詳しくプログラミングしていきます。

他にもAIを使えば「自然をシミュレーション」「電話など音声認識」「ファジィ制御」「自動作詞作曲」「軍事利用」「ゲームの思考ルーチン」などができます。例えば「ゲームの思考ルーチン」ならAIが「将棋」や「チェス」や「オセロ」の手を考えられます。

●自然言語の翻訳

まず、**第4章**で日本語を英語に翻訳するのに、PythonのAI「Googletrans」パッケージを使います。
名前の通り「Google」が開発した翻訳システムです。

精度はかなり高いですが、無料なので、システムを使うには量に制限があるようです。
おそらく1日に使える文字数が決まっていると思われます。

日本語と英語だけでなく、世界中の多くの自然言語に互いに翻訳することができます。
「自然言語」とは、プログラミング言語に対して、人間が普段使う言語のことです。

●OCR

第7章では、「OCR」で写真から文字を認識してテキスト形式に抽出します。

「OCR」は、「Optical Character Reader」(またはRecognition)の頭文字をとった略語で、紙などに書かれた文字をデジタルのテキストデータに変換するのに使われる技術です。

本書ではPythonでOCRするためのAI「**PyOCR**」パッケージを使います。
「PyOCR」は「Tesseract」というオープンソースのOCRエンジンをPythonから利用できます。
ただし、無料のシステムなので商用のシステムに比べると精度は落ちるかもしれません。

●画像認識

最後に、**第8章**で多くのサンプル画像をAIに学習させて、指定した画像がどのサンプル画像に近いか画像認識します。

顔の画像が誰かを識別したり、今話題の自動運転車の技術にも応用されているそうです。

本書ではPythonのAI「TensorFlow」(テンサーフロー)パッケージを使って、ミニトマトが腐っていく過程をAIに学習させ、消費期限を予測させます。
無料のシステムなので、商用のシステムに比べると精度は高くないです。

■この章のまとめ

この章では、Pythonが優れたプログラミング言語であること、「Microsoft Excel」が表計算のスタンダードなソフトウェアであることを解説しました。

そして、AIを使えば「自然言語の翻訳」「OCR」「画像認識」などができることを解説しました。

第2章

Pythonのインストール

この章では、「Windows」と「macOS」でPythonをインストールする手順を解説します。

2-1 「Windows」でPythonの実行

「Windows」にPython本体をインストールし、実行する手順を解説します。

■WindowsにPythonをダウンロード&インストール

「py」ファイルを実行できるようにするために、Pythonの「バージョン3.10」系をダウンロードします。

※2021年12月現在、Pythonの最新版は「バージョン3.10.1」です。

最新のバージョンがあっても「3.10」系をダウンロードしてください。

なぜなら、「AI」のパッケージがその時の最新の「バージョン3.11」以降に対応していない可能性があるからです。

もし、最新のバージョンでもパッケージの動作確認ができたなら、もちろん最新版のPythonでもかまいません。

では、次の手順でPython本体をダウンロードして、インストールしてください。

手 順

[1] Pythonのダウンロードページにアクセスして、Pythonをダウンロード

・Pythonのダウンロードページ

https://python.org/downloads/windows/

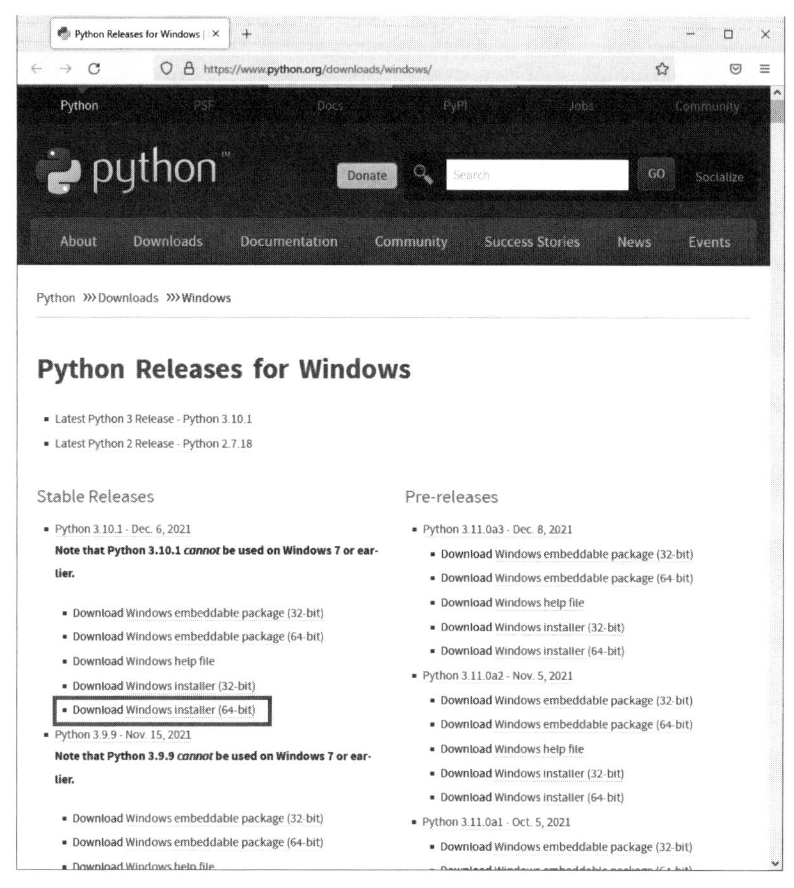

図2-1　Pythonのダウンロードページ

[2] ダウンロードした「python-3.10.1-amd64.exe」ファイルを実行

※ファイル名のバージョンは異なる可能性があります。

[3]「Python 3.10.1(64-bit) Setup」で「Add Python 3.10 to PATH」をチェックして「Install Now」をクリック

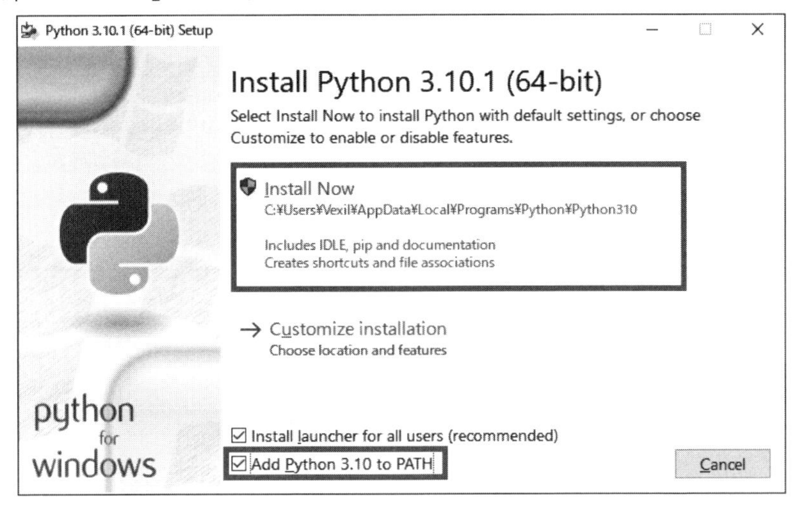

図2-2　Pythonのインストール

[4]「Setup Progress」が終わって「Setup was successful」で「Close」

Column Add Python 3.10 to PATH

「Add Python 3.10 to PATH」にチェックを入れる理由は、Windowsの「環境変数」にPython 3.10の「PATH(パス)」を通して、Python 3.10の絶対パスを書かなくても「python」と書くだけでもPythonが実行できるようにするためです。

Column Python: インタープリターを選択

もし、複数のバージョンのPythonをインストールしている場合は、「表示」→「コマンド パレット」メニューの「Python: インタープリターを選択」でPythonのバージョンを適当なものに選択してください。

■「Windows」で「Visual Studio Code」のインストール

「Windows」に、「Visual Studio Code」をインストールします。
「Visual Studio Code」はよく「VSCode」と略されます。

「VSCode」は「IDE」(Integrated Development Environment、統合開発環境)ではなく「高機能エディタ」に分類されます。

「IDE」は、最初からエディタとビルドできる実行環境が揃っていなければなりませんが、「VSCode」のデフォルトでは、Pythonの実行環境は入っていません。

では、「VSCode」の公式サイトにアクセスしてダウンロードし、インストールします。

手 順

[1] 「VSCode」公式サイトのダウンロードページにアクセス

・VSCodeのダウンロードページ

https://code.visualstudio.com/download

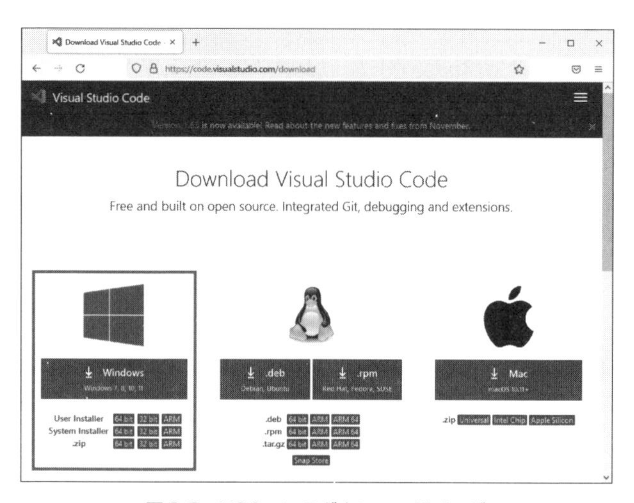

図2-3 VSCodeのダウンロードページ

[2] ダウンロードした「VSCodeUserSetup-x64-1.63.2.exe」を実行

※ファイル名はバージョンが違う場合があります。

[3]「使用許諾契約書の同意」で「同意する」なら「次へ」進む

[4]「追加タスクの選択」で「次へ」進みます。

[5]「インストールの準備完了」で「インストール」を開始

[6]「インストール状況」が終わったら「完了」

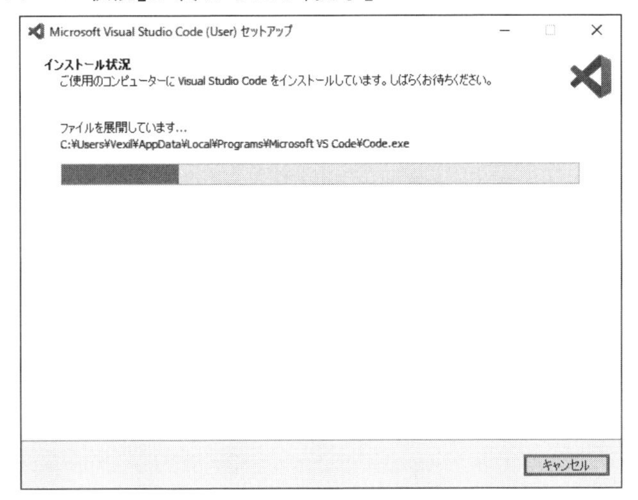

図2-4　VSCodeのインストール状況

■VSCodeでPythonの設定

ここまでは「VSCode」の準備だけでした。
さらに、「VSCode」でPythonが実行できる環境を整えましょう。

> ※使い慣れたエディタがあるなら「VSCode」を使わなくてもPythonは実行できます。筆者も「秀丸」をもっていますが、Pythonはほぼ「VSCode」だけで作業します。

手　順

[1] VSCodeを実行

[2]「Extensions(拡張機能)」で「Python」を検索して、「Install」(インストール)
これで、Pythonを実行できます。

図2-5　「VSCode」にPythonの機能を追加

[3]「Extensions(拡張機能)」で「Pylance」を検索し、「Install」(インストール)
これで、エディタでPythonの入力補助をします。

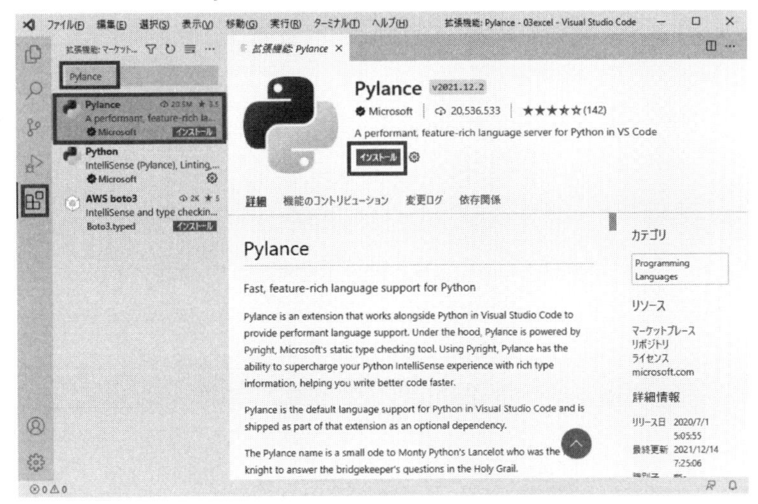

図2-6 「VSCode」にPylanceの機能を追加

これで、「VSCode」をPythonの「IDE」のように使うことができます。

■「Tesseract」のインストール

「Windows」に「Tesseract」をインストールします。
「Tesseract」は、オープンソースのOCRエンジンで、「PyOCR」パッケージから呼び出します。

以下の手順で「Tesseract」をインストールします。

手　順

[1]次のダウンロードページにアクセス

・Tesseractのダウンロードページ

https://github.com/UB-Mannheim/tesseract/wiki

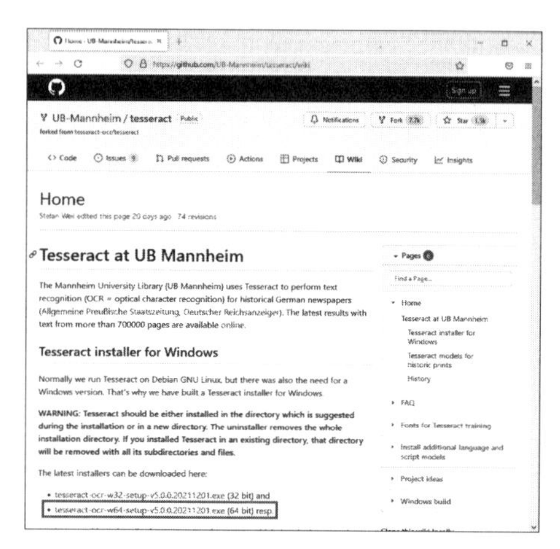

図2-7　Tesseractのダウンロードページ

[2] ダウンロードした「tesseract-ocr-w64-setup-v5.0.0.20211201.exe」を実行

※ファイル名はバージョンが異なる可能性があります。

[3] 「Installer Language」を「English」に設定

[4] 「Welcome to Tesseract-OCR Setup」で「Next」をクリック

図2-8　「Tesseract」のインストール

[5] 「License Agreement」に同意するなら「I Agree」をクリック

[6] 「Choose Users」でユーザーを選んで「Next」をクリック

[7] 「Choose Components」で「Additional script data (download)」の「Japanese script」「Japanese vertical script」を選択

追加スクリプトに日本語スクリプトの横書きと縦書きを追加します。

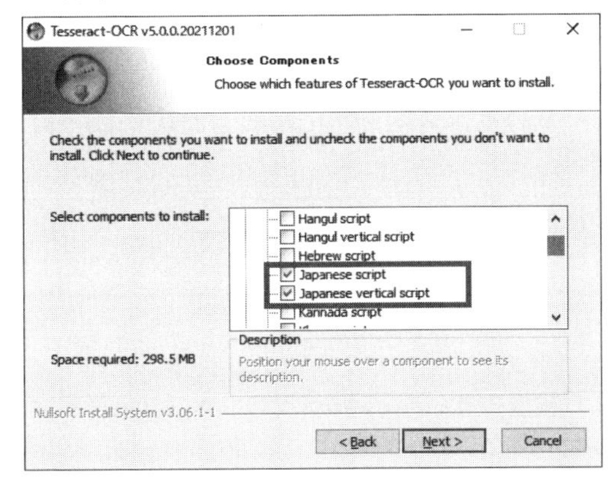

図2-9　追加のスクリプトデータに日本語スクリプトを選択

「Additional language data (download)」の「Japanese」「Japanese (vertical)」を選択し、「Next」をクリック(図2-10)。

追加言語に日本語の横書きと縦書きを追加します。

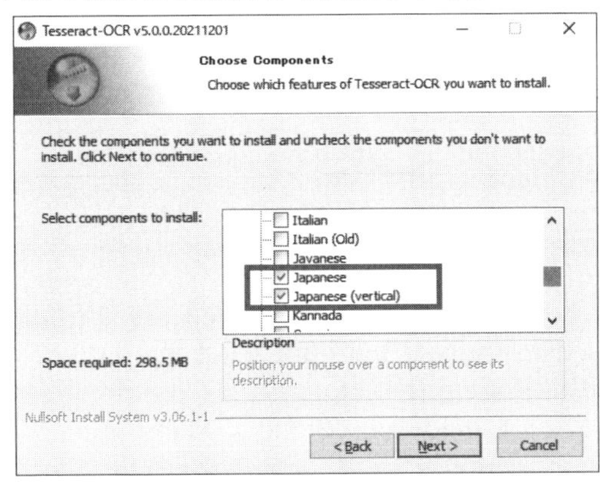

図2-10　追加の言語データに日本語を選択

[8] 「Choose Install Location」で「Next」をクリック

この時、「Destination Folder」をよく覚えておいてください。

[9]「Choose Start Menu Folder」で「Install」をクリック

もし、ダイアログが出たら、何度か「OK」で進めます。

[10]「Installation Complete」で、「Next」をクリック

「Completing Tesseract-OCR Setup」でインストールが完了したので「Finish」をクリックします。

日本語の学習データのインストールに失敗した場合は、以下のコラムも参考にしてください。

Column Tesseract用の高精度日本語学習データ

「Tesseract」の日本語の学習データのダウンロードは、失敗することがあるようです。

そこで、より精度の高いTesseract用の日本語学習データをダウンロードしなければならない場合があります。

手　順

[1]「学習済みデータ」をダウンロード

日本語の学習済みモデルを以下のURLの「tesseract-lang ソースパッケージをダウンロード:」から「tesseract-lang_4.00~git30-7274cfa.orig.tar.xz」をダウンロードします。

※ファイル名のバージョンは異なる可能性があります。

・日本語学習済みデータのダウンロードページ

https://packages.ubuntu.com/focal/tesseract-ocr-jpn

ダウンロードが拒否されたら「ダウンロードを許可」してダウンロードします。

[2]ダウンロードしたファイルを展開

ダウンロードしたファイルを「7-Zip」などで展開すると「jpn.traineddata」ファイルと「jpn_vert.traineddata」ファイルがあります。

[3]ファイルをフォルダに移動

「C:¥Program Files¥Tesseract-OCR¥tessdata」フォルダに、「jpn.traineddata」ファイルと「jpn_vert.traineddata」ファイルをドラッグ＆ドロップします。

これで文字認識に日本語が追加されました。

Column 7-Zip

「7-Zip」は、オープンソースで、かつ無料の圧縮解凍ソフトウェアです。
高機能で、従来のZipファイルなどの圧縮形式より圧縮率が高いようです。

・7-Zipのダウンロードページ

https://sevenzip.osdn.jp/

■Python向けパッケージのインストール

Windowsに Python向けパッケージ「OpenPyXL」「Googletrans」「PyOCR」「OpenCV」「TensorFlow」をインストールします。

Python向けのパッケージのインストールには、「pip」を使います。

本書のPythonで使うExcelファイルの読み書きやAIには、以下の手順でインストールします。

手 順

[1]「OpenPyXL」パッケージのインストール

Excelファイルを開いたり保存する「OpenPyXL」パッケージをインストールするには、「Terminal」(ターミナル)で、次のコマンドを実行してください。

この時「Terminal」が表示されていなければ、次の図のように「View(表示)」→「Terminal(ターミナル)」メニューを実行してください。

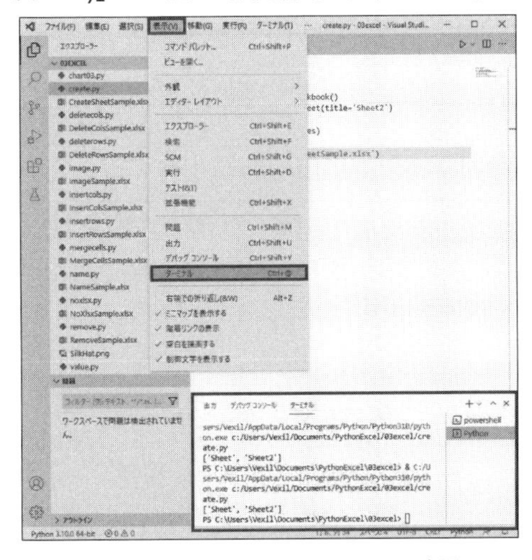

図2-11 Terminal(ターミナル)の表示

```
pip install openpyxl
```

[2]「Googletrans」をインストール

自然言語の翻訳AI「Googletrans」をインストールするには、「Terminal」で次のコマンドを実行します。（この例はバージョン4.0.0rc1）

```
pip install googletrans==4.0.0rc1
```

[3]「PyOCR」をインストール

写真画像からデジタルのテキストデータを抽出するAI「PyOCR」をインストールするには、「Terminal」で次のコマンドを実行します。

```
pip install pyocr
```

[4]「OpenCV」をインストール

画像を扱うパッケージ「OpenCV」をインストールするには、Terminalで次のコマンドを実行します。

```
pip install opencv-python
```

[5]「TensorFlow」をインストール

画像認識のAI「TensorFlow」をインストールするには、「Terminal」で次のコマンドを実行します。

これだけで動作しない場合は、以下のコラムも参考にして下さい。

```
pip install tensorflow
```

Column Visual C++ 再頒布可能パッケージ

まだ「Visual Studio 2015、2017、2019、および2022用 Microsoft Visual C++ 再頒布可能パッケージ」がインストールされていない場合は、ダウンロードとインストールが必要です。

次のURLからダウンロードします。
「Intel 64bit」の場合は「X64」を選んでください。

・Visual C++ 再頒布可能パッケージ

https://docs.microsoft.com/ja-JP/cpp/windows/latest-supported-vc-redist?view=msvc-170

■「Windows」で「pyファイル」の実行

この節で、やっと「pyファイル」を実行テストすることができます。

この章で準備した「VSCode」を使って、Pythonを実行します。

次の章から、Windows環境で「pyファイル」を実行するときは、この手順を参考にしてください。

手　順

[1]「サンプル・ファイル」のダウンロード

工学社の公式サイトのサポートページから、「サンプル・ファイル」をダウンロードし、圧縮ファイルを解凍します。(p.6参照)

[2]「VSCode」でフォルダを開く

「VSCode」を実行します。

次の図のように「File(ファイル)」→「Open Folder(フォルダを開く)」メニューで解凍した「PythonExcel」→「06tkinter」フォルダを「フォルダの選択」します。

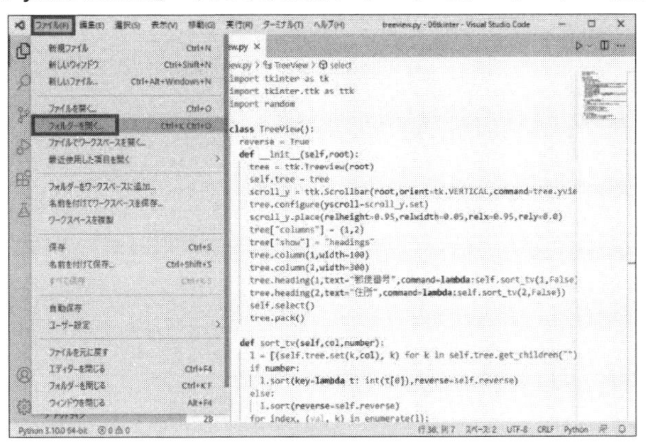

図2-13　VSCodeでフォルダを開く

[3]「main07.py」の実行

ツリービューを表示する「main07.py」を開きます。

次の図のように「Run(実行)」→「Start Debugging(デバッグの開始)」メニューか、「▷」ボタンをクリックします。

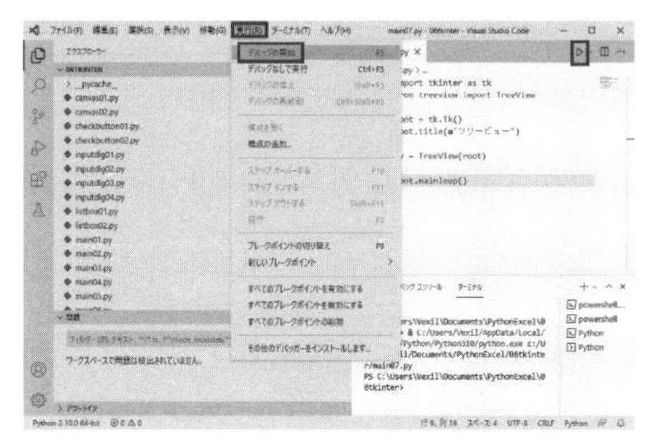

図2-14 「main07.py」の実行

[4] ツリービューの表示

次の図のように郵便番号と住所のツリービューのウィンドウが表示されます。

ツリービュー

郵便番号	住所
551-6003	○○県
874-5997	○○県
253-3368	○○県
436-6656	○○県
165-3506	○○県
959-3090	○○県
397-0759	○○県
958-4706	○○県
848-9429	○○県
269-0061	○○県

図2-15 「main07.py」の実行結果

これで、Windows環境でPythonを実行するところまで一通り完了しました。

2-2 「macOS」でPythonのインストール」

ここでは、「macOS」にPython本体をダウンロードとインストールをする手順を解説します。

※本書では「Intel Mac」において動作確認しています。

「py」ファイルを実行できるようにするために、Pythonの「バージョン3.10」系をダウンロードします。

※2021年12月現在、Pythonの最新版は「バージョン3.10.1」です。

最新のバージョンがあっても「3.10」系をダウンロードしてください。

なぜなら、AIのパッケージがその時の最新の「バージョン3.11」以降に対応していない可能性があるからです。

もし最新のバージョンでもパッケージの動作確認ができたなら、もちろん最新版のPythonでもかまいません。

では、次の手順でPython本体をダウンロードしてインストールしてください。

手 順

[1] Pythonをダウンロード

Pythonのダウンロードページにアクセスし、Pythonをダウンロードします。

・Pythonのダウンロードページ

https://python.org/downloads/macos/

図2-16　Pythonのダウンロードページ

[2] ダウンロードしたファイルを実行

ダウンロードした「python-3.10.1-macos11.pkg」ファイルを実行します。

※ファイル名のバージョンは異なる可能性があります。

[3] インストールを進める

「ようこそPythonインストーラへ」と出るので、「続ける」をクリックします。

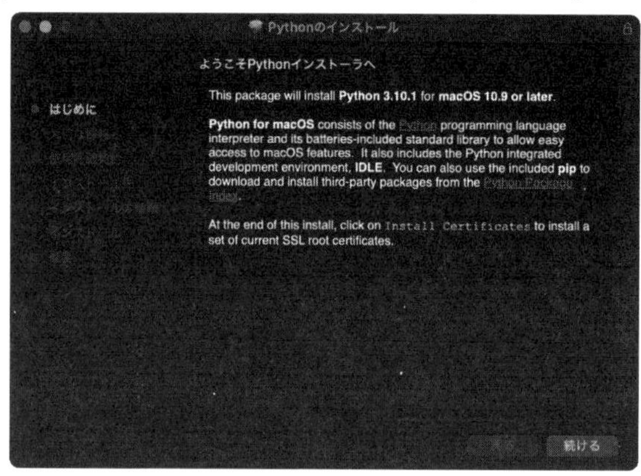

図2-17　Pythonのインストール

「大切な情報」「使用許諾契約」の説明を読み、「同意する」ならクリックします。

「"Macintosh HD"に標準インストール」で「インストール」をクリックします。

[4] 「ユーザー名」と「パスワード」の入力

最後に、「ユーザー名」と「パスワード」を入力して「ソフトウェアをインストール」をクリックします。

[5] インストールの完了

「インストールが完了しました。」が出たら、「閉じる」をクリックします。

もし、複数のバージョンのPythonをインストールしている場合、「管理」→「コマンド パレット」→「Python: インタープリターを選択」でPythonのバージョンを適当なものに選択してください。

■「Visual Studio Code」のインストール

基本的には、「Windows」の手順と同様です。

手　順

[1]「VSCode」をダウンロード

次のURLの図のようにVSCode公式サイトのダウンロードページにアクセスします。

・VSCodeのダウンロードページ

```
https://code.visualstudio.com/download
```

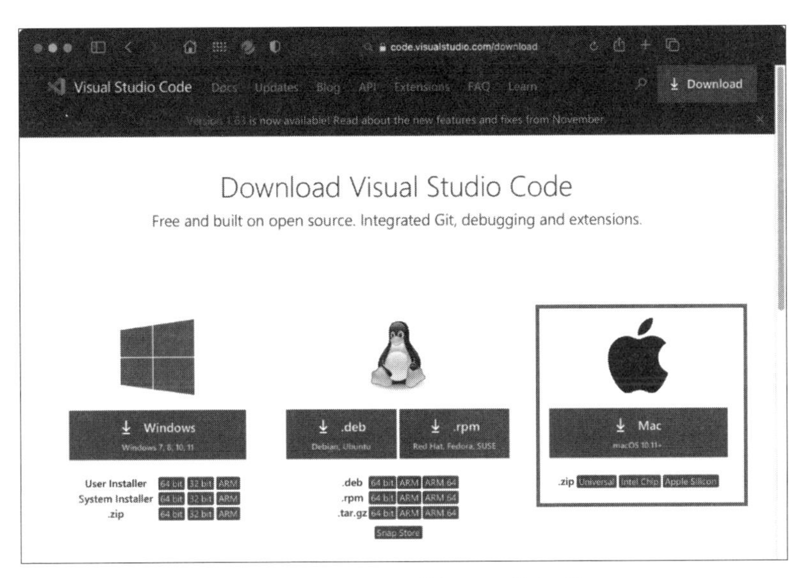

図2-18　VSCodeのダウンロードページ

[2]「アプリケーション」フォルダへドラッグ＆ドロップ

次の図のようにダウンロードした「Visual Studio Code」を「Finder」→「アプリケーション」フォルダにドラッグ＆ドロップします。

図2-19　Visual Studio Codeのドラッグ&ドロップ

■VSCodeでPythonの設定

「VSCode」でPythonが実行できる環境を整えましょう。
手順は、「Windows」の場合と同様です(p.24)。

■「Tesseract」のインストール

以下の手順で、Tesseractをインストールします。

手 順

[1] 「Homebrew」をインストール

「ターミナル」アプリで、まず「Homebrew」をインストールします。

「Homebrew」は、「macOS」(またはLinux)用の「パッケージマネージャー」です。

```
/bin/bash -c "$(curl -fsSL https://raw.githubusercontent.
com/Homebrew/install/HEAD/install.sh)"
```

図2-22 「Homebrew」のインストール

[2]「Password」を入力

[3]「tesseract」をインストール

ターミナルで次のように入力して、「tesseract」をインストールします。

```
brew install tesseract
```

[4]「日本語の学習済みモデル」をダウンロード

デフォルトでは、英語などしか文字認識できません。

そこで、日本語の学習済みモデルを、以下のリンク先にある、「tesseract-lang ソースパッケージをダウンロード:」からダウンロードします。

今回は「tesseract-lang_4.00~git30-7274cfa.orig.tar.xz」をダウンロードしましたが、ファイル名のバージョンは異なる可能性があります。

・日本語学習済みデータのダウンロードページ

https://packages.ubuntu.com/focal/tesseract-ocr-jpn

[5]圧縮ファイルを展開

圧縮ファイルを展開すると「jpn.traineddata」ファイルと「jpn_vert.traineddata」ファイルがあります。

ターミナルで次のように入力すると、インストールされたtesseractの一覧が表示されます。

```
brew list tesseract
```

「/usr/local/Cellar/tesseract/4.1.3/share/tessdata/」などがインストールされていることが分かります。

[6] 展開したファイルを移動

「/usr/local/Cellar/tesseract/4.1.3/share/tessdata/」に移動して、「jpn.traineddata」ファイルと「jpn_vert.traineddata」ファイルをドラッグ&ドロップします。

これで、文字認識に日本語が追加されました。

■「OpenPyXL」「Googletrans」「PyOCR」「OpenCV」「TensorFlow」パッケージのインストール

Python向けパッケージ「OpenPyXL」「Googletrans」「PyOCR」「OpenCV」「TensorFlow」をインストールします。

Python向けのパッケージのインストールには「pip」を使います。

手　順

[1]「OpenPyXL」パッケージのインストール

Excelファイルを開いたり保存する「OpenPyXL」パッケージをインストールするには、「Terminal」(ターミナル)で、次のコマンドを実行してください。

```
python3 -m pip install openpyxl
```

この時「Terminal」が表示されていなければ、次の図のように「View(表示)」→「Terminal(ターミナル)」メニューを実行してください。

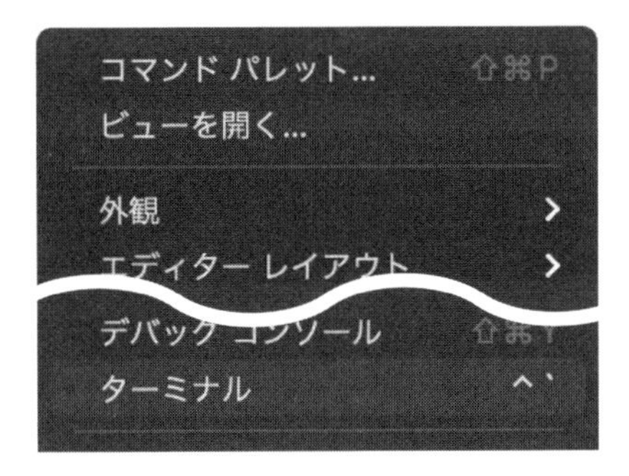

図2-23　Terminal(ターミナル)の表示

[2]「Googletrans」をインストール

自然言語の翻訳AI「Googletrans」をインストールするには、「Terminal」で次のコマンドを実行します。

```
python3 -m pip install googletrans==4.0.0rc1
```

[3]「PyOCR」をインストール

写真画像からデジタルのテキストデータを抽出するAI「PyOCR」をインストールするには、「Terminal」で次のコマンドを実行します。

```
python3 -m pip install pyocr
```

[4]「OpenCV」をインストール

画像を扱うパッケージ「OpenCV」をインストールするには、Terminalで次のコマンドを実行します。

```
python3 -m pip install opencv-python
```

[5]「TensorFlow」をインストール

画像認識のAI「TensorFlow」をインストールするには、「Terminal」で次のコマンドを実行します。

```
python3 -m pip install tensorflow
```

■macOSでpyファイルの実行

この節で、「macOS」で「py」ファイルを実行テストすることができます。

次から「macOS」で「py」ファイルを実行するときは、この手順を参考にしてください。

手順

[1]「サンプル・ファイル」のダウンロード

工学社の公式サイトのサポートページから、「サンプル・ファイル」をダウンロードし、圧縮ファイルを解凍します。(p.6参照)

[2]「VSCode」でフォルダを開く

「VSCode」を実行します。

次の図のように「File(ファイル)」→「Open Folder(フォルダを開く)」メニューで解凍した「PythonExcel」→「06tkinter」フォルダを「フォルダの選択」します。

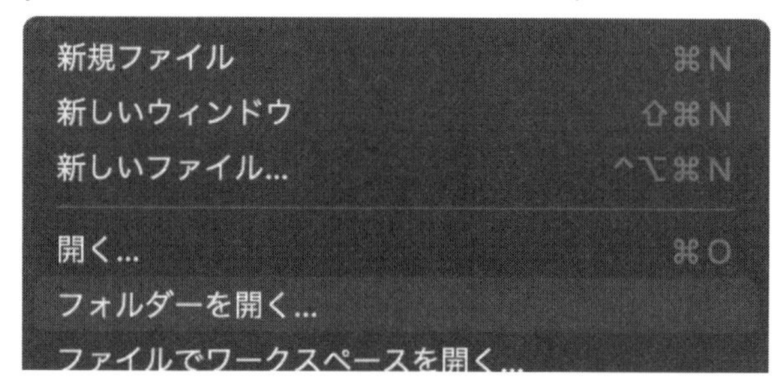

図2-24 VSCodeでフォルダを開く

[3]「main07.py」の実行

ツリービューを表示する「main07.py」を開きます。

次の図のように「Run(実行)」→「Start Debugging(デバッグの開始)」メニューか、「▷」ボタンをクリックします。

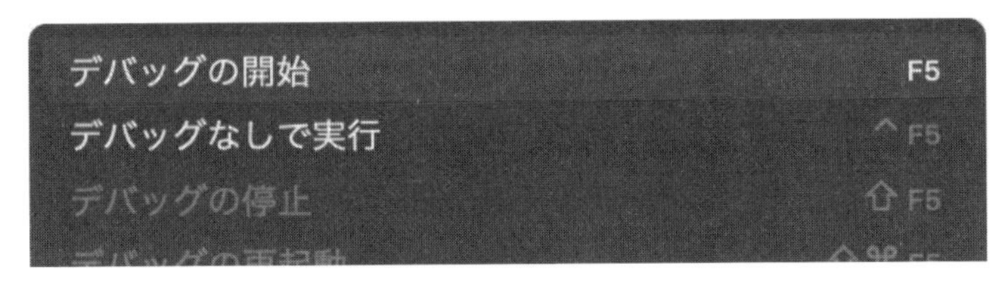

図2-25 「main07.py」の実行

[4] ツリービューの表示

次の図のように郵便番号と住所のツリービューのウィンドウが表示されます。

ツリービュー

郵便番号	住所
494-3020	○○県
167-3910	○○県
891-9902	○○県
727-1938	○○県
766-3661	○○県
825-9315	○○県
649-9378	○○県
386-1455	○○県
342-8386	○○県
870-8363	○○県

図2-26 「main07.py」の実行結果

これで、「macOS」でPythonを実行するところまで、一通り完了しました。

■この章のまとめ

この章では、本書でP必要なPythonに関連するプログラムやパッケージなどをダウンロードし、インストールしました。

また、「Windows」と「macOS」においてpyファイルを実行する手順も解説しました。

※「Microsoft Office Excel」のダウンロード&インストールについては割愛します。

Pythonで「Excelファイル」の作成

この章では、Pythonで「Excelファイル」を作り、「セルの装飾」や「行列の編集」「棒グラフの作成」について解説します。

3-1 OpenPyXL

ここではPythonの「OpenPyXL」モジュールを使って、Excelファイルを開いたり保存したりする、基本的なプログラミングを行ないます。

■「ワークブック」と「ワークシート」

ここではExcelの「ワークブック」(Workbook)と「ワークシート」(Worksheet)について解説します。

この章から「Visual Studio Code」のエディタでコードを書いたり、「VSCode」上で実行したりして、Pythonをプログラミングしていきます。

「OpenPyXL」モジュールをインポートして「xlsxファイル」を読み書きします。

※「OpenPyXL」パッケージは第2章を参考にインストールしておいてください。

「OpenPyXL」モジュールは、「1つのワークブック」が「1つのExcelファイル」になります。

次の図のように「ワークブック」を新規作成すると、デフォルトで「Sheet」という名前の「ワークシート」も、1つだけ作られます。

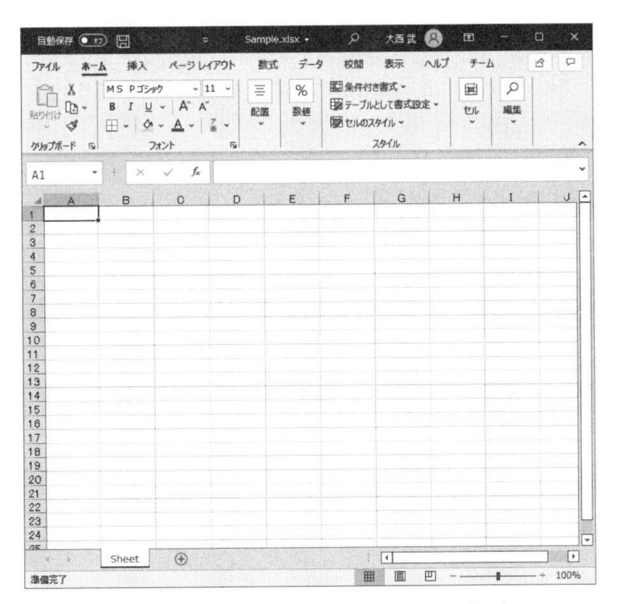

図3-1　新規作成したデフォルトのワークブック

複数のワークブックも用意できて、ワークブック同士でデータをやり取りもできます。

※本章では、開いたワークブックとは違う名前でワークブックを保存することもあります。

＊

「ワークシート」とは、書籍で言うなら「ページ」のことで、1つのExcelファイルに「256枚」までもつことができます。

この節で新たに出てくる機能は、次になります。

import	モジュールを読み込む
「openpyxl」モジュール	Excelファイルを読み書きなどするモジュール
「Workbook」関数	Excelファイルを構成するワークブックを新規作成
「worksheets」プロパティ	ワークシートのリスト
「title」プロパティ	ワークシートのタイトル
「save」メソッド	ワークブックをExcelファイルに保存
create_sheet	ワークブックの１ページであるワークシートを新規作成
「print」関数	ターミナルに文字列を表示
「sheetnames」プロパティ	ワークシート名の一覧リスト
「load_workbook」関数	Excelファイルを読み込んでワークブックを構成する関数
「remove」メソッド	ワークブックから指定したワークシートを削除

■「ワークブック」のサンプルコード

このサンプルは、「03excel」→「name.py」にあります。
第2章の要領で実行してください。

ここで、はじめて、「OpenPyXL」モジュールを使ったコードを書きます。
Pythonでプログラミングしたことがあるなら、普通のPythonのコードだと分かるでしょう。

このサンプルを実行したら、「ワークブック」を新規作成して、「ワークシート名」を変更します。
「ワークブック」の「**save**」**メソッド**でExcelファイルに保存できます。

ワークブックを保存した「NameSample.xlsx」ファイルを「Office Excel」で開いて、ワークシートの名前が「NewName」になっていることを確認します。

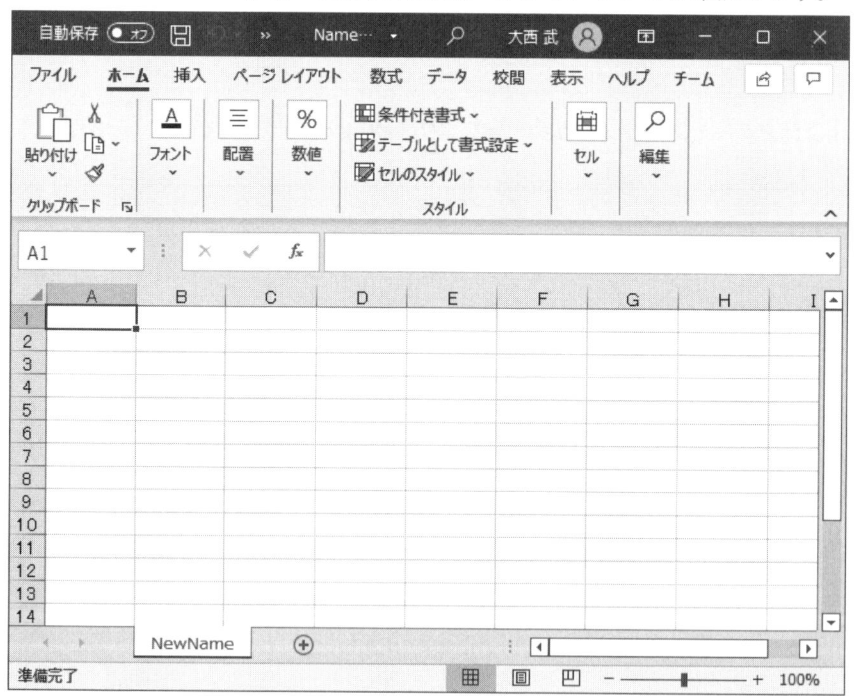

図3-2　NameSample.xlsx

リスト3-1　name.py

```
import openpyxl #①

wb = openpyxl.Workbook() #②
ws = wb.worksheets[-1] #③
ws.title = "NewName" #④

wb.save('NameSample.xlsx') #⑤
```

【コードの解説】

①「openpyxl」モジュールをインポート。
②ワークブックを新規作成し、Excelファイルを用意。
③ワークブックの最後のワークシートを「ws」変数に代入。
　[-1]はリストの最後の要素を表す。
④「ws」変数のワークシート名を「NewName」に変更。
⑤ワークブックをファイル名「NameSample.xlsx」で保存。

■ワークシートを「新規作成」するサンプルコード

ここでは「ターミナル」にワークシート名を列挙します。

ターミナルとは文字でプログラムなどを実行する「CUI」(キャラクター・ユーザー・インターフェース)のことです。

そこで「VSCode」に「Terminal」(ターミナル)が表示されていなかったら、次の図のように「View(表示)」→「Terminal(ターミナル)」メニューを実行します。

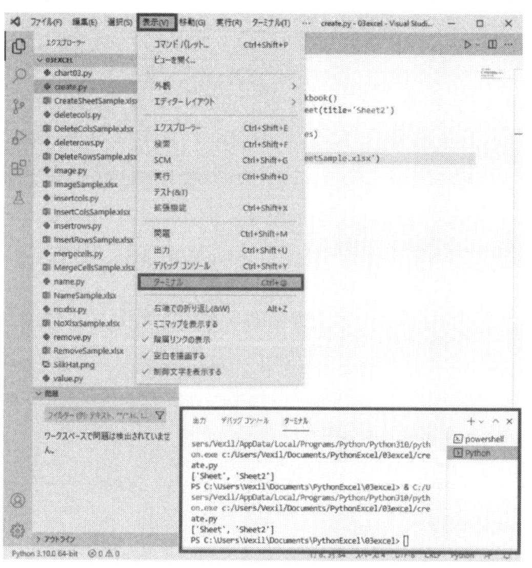

図3-3 Terminal(ターミナル)の表示

このサンプルは「03excel」→「create.py」にあります。

第2章の要領で実行してください。

今後、今までに出てきたコードは省略して解説することがあります。

このサンプルを実行したら「Sheet2」ワークシートを新たに追加して、2つのワークシート名を「Terminal」に表示します。

ワークブックを保存した「CreateSample.xlsx」ファイルを「Office Excel」で開いて、図のようにワークシートの名前が「Sheet」と「Sheet2」になっていることを確認します。

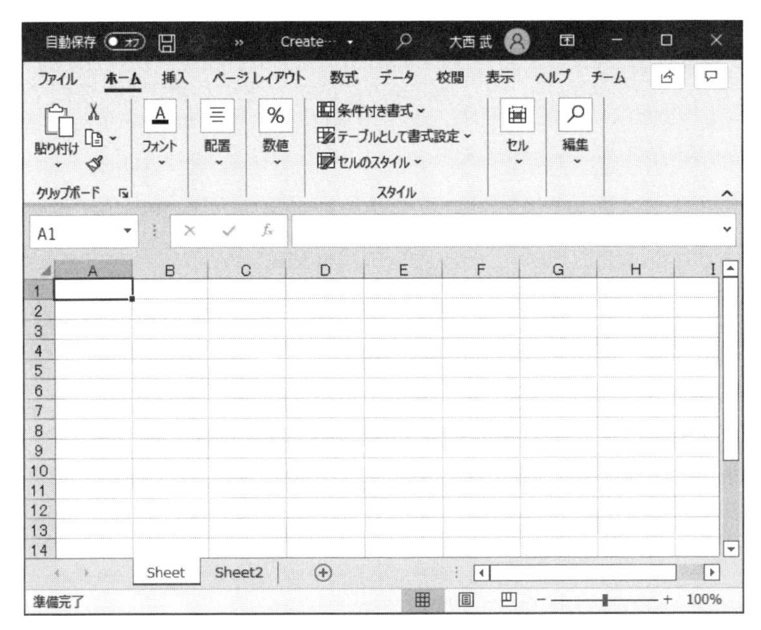

図3-4　CreateSample.xlsx

リスト3-2　create.py

```
import openpyxl

wb = openpyxl.Workbook()
ws = wb.create_sheet(title='Sheet2') #①

print(wb.sheetnames) #②

wb.save('CreateSample.xlsx') #③
```

【コードの解説】

①「Sheet2」という名前のワークシートを新規作成。
②ワークブックのワークシートの名前をターミナルに列挙。
③ワークブックをファイル名「CreateSample.xlsx」で保存。

■ワークシートを削除するサンプルコード

このサンプルは「03excel」→「remove.py」にあります。**第2章**の要領で実行してください。

ワークシートは追加するだけでなくワークブックの「remove」メソッドで削除もできます。

このサンプルコードを実行したら「CreateSample.xlsx」ファイルを読み込み、最初のワークシートを削除して「RemoveSample.xlsx」ファイルに保存します。

ワークブックを保存した「RemoveSample.xlsx」ファイルをOffice Excelで開いて、次の図のようにワークシートが「Sheet2」だけになっていることを確認します。

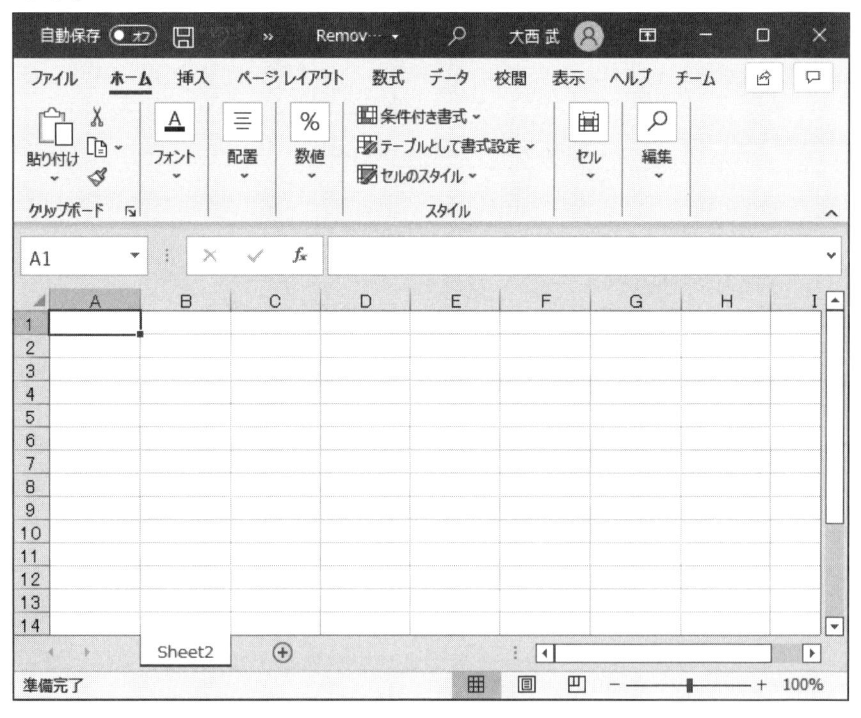

図3-5　RemoveSample.xlsx

リスト3-3　remove.py

```
import openpyxl

wb = openpyxl.load_workbook("CreateSample.xlsx") #①
ws = wb.worksheets[0] #②

wb.remove(ws) #③

wb.save('RemoveSample.xlsx') #④
```

【コードの解説】

①CreateSample.xlsxファイルのワークブックを読み込む。
②0インデックスのワークシートを「ws」変数に代入。
③「ws」変数のワークシートを取り除く。
④ワークブックをRemoveSample.xlsxファイルに保存。

Column　コメントアウト

「#」後のテキストは「コメントアウト」と言い、プログラムとは関係なく説明などの覚え書きを記すためにあります。

また、一時的にコードを実行させないためにもコメントアウトします。

そのため、プログラムを写す場合はコメント文まで書く必要はありません。

3-2　「OpenPyXL」のセル

この節ではOpenPyXLモジュールで「セル」に文字列や数値を代入する解説をします。

■「セル」とは

「セル」(Cell)とは、Excelの表の行と列で表わした、1つ1つの入力欄のことです。

「セル」には、「文字」や「数値」「画像」「表」などを入れられます。

*

まず、ワークブックを作るか読み込んで、それに追加したワークシートや既存のワークシートの中でセルを扱います。

「セル」の最大行数は「1048576行」で、最大列数は「16384列」です。

セルは列に「A～」のアルファベット文字と、行に「1～」の数値で表わします。

たとえば、列がBで行が3なら「B3」を指定します。

「ワークブック」と「ワークシート」と「セル」の関係は、次の図のようになります。

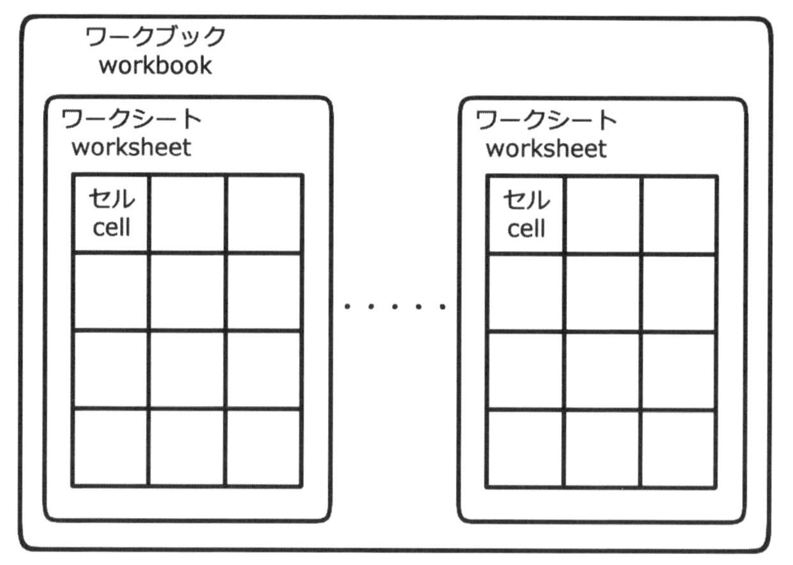

図3-6　ワークブックとワークシートとセル

この節で、新たに出てくる機能は次の表のようになります。

「ワークシート[セル番号]」変数	セルを取得
「value」メソッド	セルの値を設定・取得

■セルに文字列を代入するサンプルコード

このサンプルは「03excel」→「a1.py」にあります。**第2章**の要領で実行してください。

ここではじめてセル「A1」に文字列を代入します。セルの「a1」変数の「value」プロパティに値を代入できます。

「a1」という変数名は違う名前でもいいですが、分かりやすく、こう名前をつけました。

保存した「A1Sample.xlsx」ファイルを「Office Excel」で開いて、次の図のように「A1」に『「A」の「1」』の文字列が書かれているか確認します。

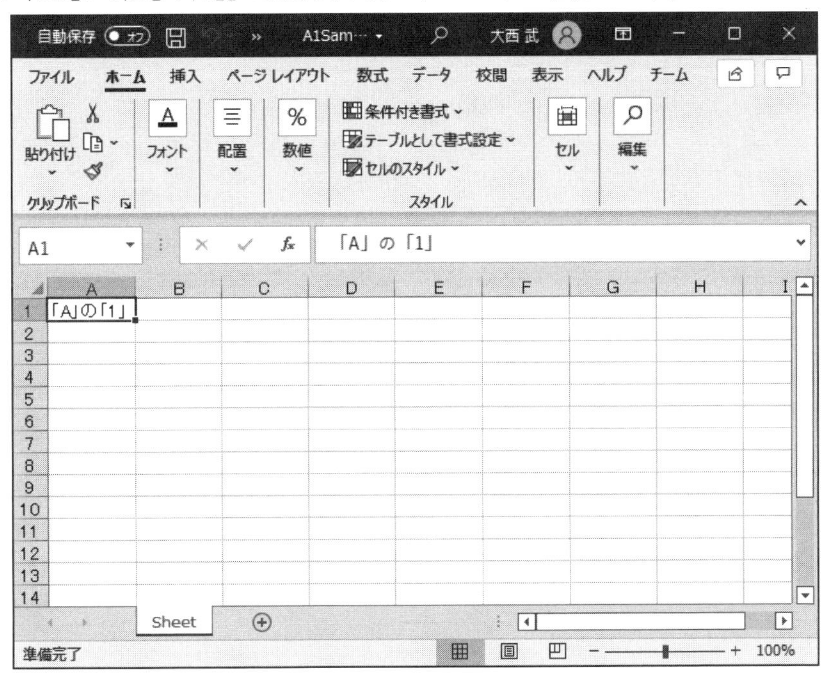

図3-7 A1Sample.xlsx

リスト3-4 a1.py

```
import openpyxl

wb = openpyxl.Workbook()
ws = wb.worksheets[-1]

a1 = ws['A1'] #①
a1.value = '「A」の「1」' #②

wb.save('A1Sample.xlsx') #③
```

【コードの解説】

①「ワークシート」の「A1」のセルを「a1」変数に代入。
②「A1」のセルの値に『「A」の「1」』の文字列を代入。
③「ワークブック」を「A1Sample.xlsx」ファイルに保存。

■セルに数値を代入するサンプルコード

このサンプルは「03excel」→「value.py」にあります。

ここではセルに「文字列」ではなく「数値」を代入します。
こうすることで「加減乗除」できる数値が扱えます。

「B4」の「value」プロパティに「=SUM(B1:B3)」と見慣れない計算式が書かれていますが、「=SUM」が合計を計算する「関数」で、「(B1:B3)」引数でB1～B3を指定します。
これはExcel上で使える関数で、Pythonでは計算しません。

保存した「ValueSample.xlsx」ファイルをOffice Excelで開いて、次の図のようにセル「A4」に「合計」の文字列が、セル「B1～B3」の数値の合計がセル「B4」に書かれているか確認します。

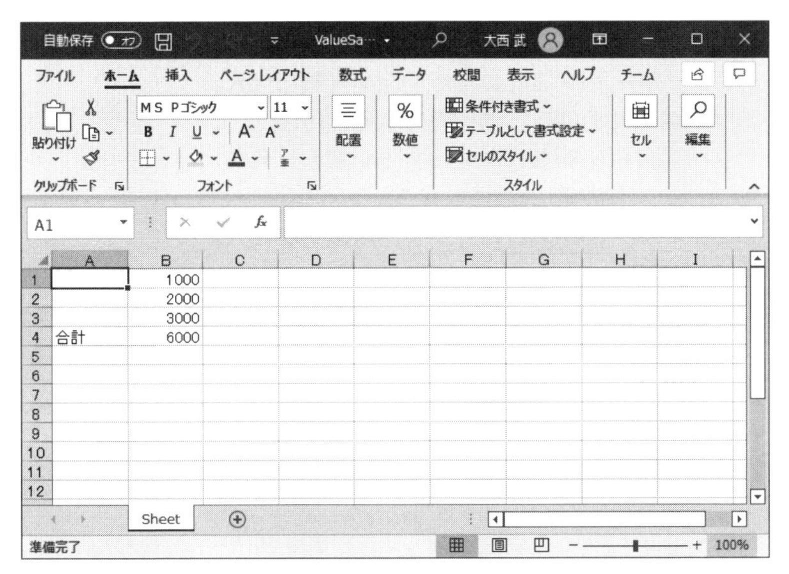

図3-8　ValueSample.xlsx

リスト3-5　value.py

```
import openpyxl

wb = openpyxl.Workbook()
ws = wb.worksheets[-1]

a4 = ws['A4'] #①
a4.value = '合計' #②

b1 = ws['B1'] #③
b1.value = 1000 #④
b2 = ws['B2'] #⑤
b2.value = 2000 #⑥
b3 = ws['B3'] #⑦
b3.value = 3000 #⑧

b4 = ws['B4'] #⑨
b4.value = '=SUM(B1:B3)' #⑩

wb.save('ValueSample.xlsx') #⑪
```

【コードの解説】

①ワークシートの「A4」のセルを「a4」変数に代入。
②「A4」のセルの値に「合計」の文字列を代入。
③ワークシートの「B1」のセルを「b1」変数に代入。
④「B1」のセルの値に1000を代入。
⑤ワークシートの「B2」のセルを「b2」変数に代入。
⑥「B2」のセルの値に2000を代入。
⑦ワークシートの「B3」のセルを「b3」変数に代入。
⑧「B3」のセルの値に3000を代入。
⑨ワークシートの「B4」のセルを「b4」変数に代入。
⑩「B4」のセルの値にB1～B3までの合計を代入。
⑪ワークブックをValueSample.xlsxファイルに保存。

3-3 「セル」の装飾

この節では「セル」の装飾について解説します。

■「セル」の装飾

この節ではセルの「幅」「高さ」「ボーダー」「文字寄せ」「背景色」などの、装飾をセットします。

この節で新たに出てくる機能は次のようになります。

「column_dimensions[列]」プロパティ	ワークシートの列の寸法を取得
「width」プロパティ	セルの列の幅
「row_dimensions[行]」プロパティ	ワークシートの行の寸法を取得
「height」プロパティ	セルの行の高さ
from A import B	Aモジュールの特定のBオブジェクトだけを読み込む
「opnpyxl.styles.borders」モジュール	セルの罫線のモジュール
「Border」クラス	セルの罫線の設定
「Side」クラス	セルの側(側面)のスタイルを設定
「border」メソッド	セルにセルを囲む罫線をセット
「openpyxl.styles.alignment」モジュール	セルの整列のモジュール
「Alignment」クラス	セルの整列のクラス
openpyxl.styles	セルのスタイルのモジュール
「PatternFill」クラス	セルの塗り潰しパターンのクラス

「alignment」プロパティ	セルの整列をセット
「fill」プロパティ	セルの塗り潰しをセット

■セルの幅高さのサンプルコード

このサンプルは「03excel」→「widthheight.py」にあります。

列の幅は「column_dimensions」でセットします。
「column」は「カラム」(列)という意味です。
列の幅は、「100px」にしたいなら「“100”を8で除算した数値」です。

行の高さは「row_dimensions」でセットします。
「row」は「ロウ」(行)という意味です。
行の高さは、100pxにしたいなら「“100”に3/4を乗算した数値」です。

ワークブックを保存した「WidthHeightSample.xlsx」ファイルを「Office Excel」で開いて、次の図のように列「A」の幅が100pxに、行「1」の高さが100pxになっていることを確認します。

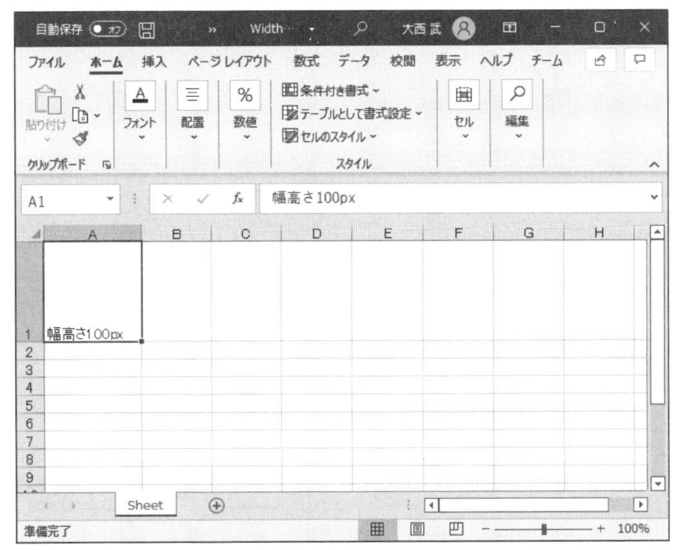

図3-9 WidthHeightSample.xlsx

リスト3-6　widthheight.py

```
import openpyxl

wb = openpyxl.Workbook()
ws = wb.worksheets[-1]

a1 = ws['A1'] #①
a1.value = '幅高さ100px' #②

ws.column_dimensions['A'].width = 100/8 #③
ws.row_dimensions[1].height = 100*3/4 #④

wb.save('WidthHeightSample.xlsx') #⑤
```

【コードの解説】

①セル「A1」を「a1」変数に代入。
②セル「A1」に「幅高さ100px」の文字列を代入。
③列「A」の幅が、100/8で100pxにセット。
④行「1」の高さが100*3/4で100pxにセット。
⑤ワークブックをWidthHeightSample.xlsxファイルに保存。

■枠線のサンプルコード

このサンプルは「03excel」→「border.py」にあります。

「openpyxl.styles.borders」モジュールから「Border」クラスと「Side」クラスだけをインポートしています。

「枠線」(Border)は、上下左右にある「サイド」(Side)の線の太さや色を別々に指定できます。
ここでは、上下左右ともに同じサイドを使っています。

ワークブックを保存した「BorderSample.xlsx」ファイルをOffice Excelで開いて、次の図のようにセル「B2」の枠線が太くなっていることを確認します。

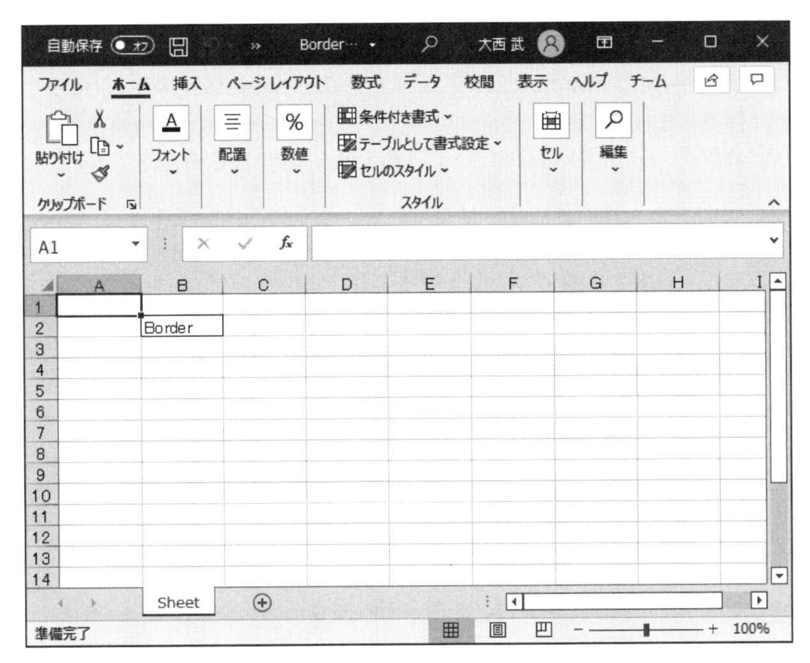

図3-10　BorderSample.xlsx

リスト3-7　border.py

```
import openpyxl
from openpyxl.styles.borders import Border, Side #①

wb = openpyxl.Workbook()
ws = wb.worksheets[0]

side = Side(style='thin',color='000000') #②
border = Border(
    top=side,bottom=side,left=side,right=side) #③

cell = ws['B2'] #④
cell.value = 'Border' #⑤
cell.border = border #⑥

wb.save('BorderSample.xlsx') #⑦
```

【コードの解説】

①openpyxl.styles.bordersモジュールのBorderクラスとSideクラスだけをインポート。
②枠線のサイドをthin(薄い)、黒色を「side」変数にセット。
③枠線を上下左右にside変数をセットして「border」変数にセット。
④セル「B2」を「cell」変数にセット。
⑤セルの値に「Border」の文字列をセット。
⑥セルのborderにborder変数をセット。
⑦ワークブックをBorderSample.xlsxに保存。

■「文字寄せ」と「背景色」のサンプルコード

このサンプルは「03excel」→「alignfill.py」にあります。

「Alignment」クラスのインスタンスを生成する際に横(horizontal)の寄せを、縦(vertical)の寄せを指定します。

「PatternFill」クラスのインスタンスを生成する際に「patternType」で塗り潰しパターンの種類を、「fgColor」で背景色を指定します。

ワークブックを保存した「AlignFillSample.xlsx」ファイルをOffice Excelで開いて、次の図のような文字寄せと背景色を確認します。

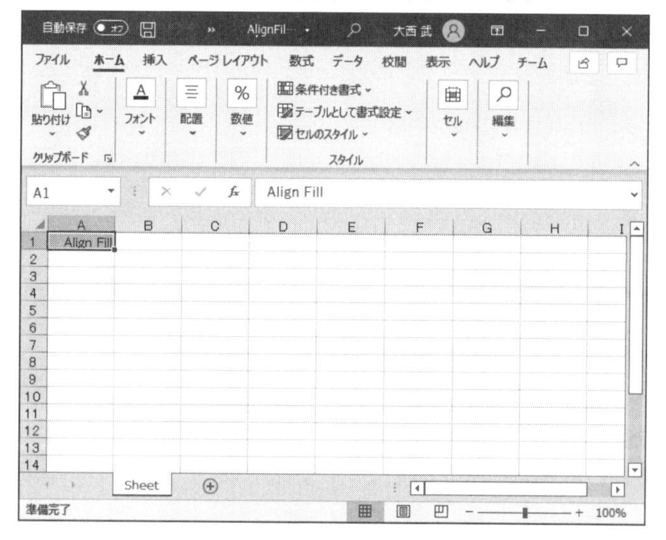

図3-11　AlignFillSample.xlsx

リスト3-8　alignfill.py

```
import openpyxl
from openpyxl.styles.alignment import Alignment #①
from openpyxl.styles import PatternFill #②

wb=openpyxl.Workbook()
ws=wb.worksheets[0]

align=Alignment(
  horizontal='right',vertical='center') #③
fill=PatternFill(
  patternType='solid',fgColor='cccccc') #④

cell=ws['A1']
cell.value = 'Align Fill'
cell.alignment = align #⑤
cell.fill = fill #⑥

wb.save('AlignFillSample.xlsx') #⑦
```

【コードの解説】

①openpyxl.styles.alignmentモジュールのAlignmentクラスだけをインポート。
②openpyxl.stylesモジュールのPatternFillクラスだけをインポート。
③文字寄せが横に右寄せを、縦に中央を「align」変数にセット。
④グレーの背景色を「fill」変数にセット。
⑤文字寄せにalign変数をセット。
⑥背景色にfill変数をセット。
⑦ワークブックをAlignFillSample.xlsxファイルに保存。

Column ソースの改行

誌面ではソースが1行に入りきらず、やむなく改行している箇所もあります。
そこに説明の丸数字が書かれている場合、続いている前の行もコードを書くのを忘れないようにしてください。

3-4 「行」と「列」の挿入・削除・結合

この節では「行」「列」の挿入などについて解説します。

■行と列の挿入・削除・結合

この節では、「行」や「列」の間に、さらに行や列を「挿入」「削除」「結合」します。

この節で新たに出てくる機能は次のようになります。

「insert_cols」メソッド	ワークシートの指定列全部に空白セルを挿入
「insert_rows」メソッド	ワークシートの指定行全部に空白セルを挿入
「delete_cols」メソッド	ワークシートから指定列全部のセルを削除
「delete_rows」メソッド	ワークシートから指定行全部のセルを削除
「merge_cells」メソッド	ワークシートのセルを結合

■「列挿入」のサンプルコード

このサンプルは「03excel」→「insertcols.py」にあります。

ワークシートの「insert_cols」メソッドで第1引数の番号の前に列を挿入します。
第2引数の数だけ複数列挿入でき、第2引数を省略すれば1列挿入します。

ここでは列「A」に1列挿入し、元の「A」の列が「B」の列に移動します。

ワークブックを保存した「InsertColsSample.xlsx」ファイルを「Office Excel」で開いて、次の図のように列「A」に1列挿入されたことを確認します。

図3-12　列の挿入

リスト3-9　insertcols.py

```
import openpyxl

wb = openpyxl.Workbook()
ws = wb.worksheets[-1]

a1 = ws['A1'] #①
a1.value = 1000 #②
a2 = ws['A2'] #③
a2.value = 2000 #④
a3 = ws['A3'] #⑤
a3.value = 3000 #⑥

ws.insert_cols(1) #⑦

wb.save('InsertColsSample.xlsx') #⑧
```

【コードの解説】

①セル「A1」を「a1」変数に代入。
②セル「A1」の値を1000に。
③セル「A2」を「a2」変数に代入。
④セル「A2」の値を2000に。
⑤セル「A3」を「a3」変数に代入。
⑥セル「A3」の値を3000に。
⑦列の1つ目(A列)に列を挿入。
⑧ワークブックをInsertColsSample.xlsxファイルに保存。

■「行挿入」のサンプルコード

このサンプルは「03excel」→「insertrows.py」にあります。

ワークシートの「insert_rows」メソッドで第1引数の行の前に1行挿入します。第2引数の数だけ複数行挿入でき、第2引数を省略すれば1行挿入します。

ここでは、**2行目**が空白になり、A2の値がA3に、A3の値がA4に移動します。

ワークブックを保存した「InsertRowsSample.xlsx」ファイルを「Office Excel」で開いて、次の図のように1行挿入されたことを確認します。

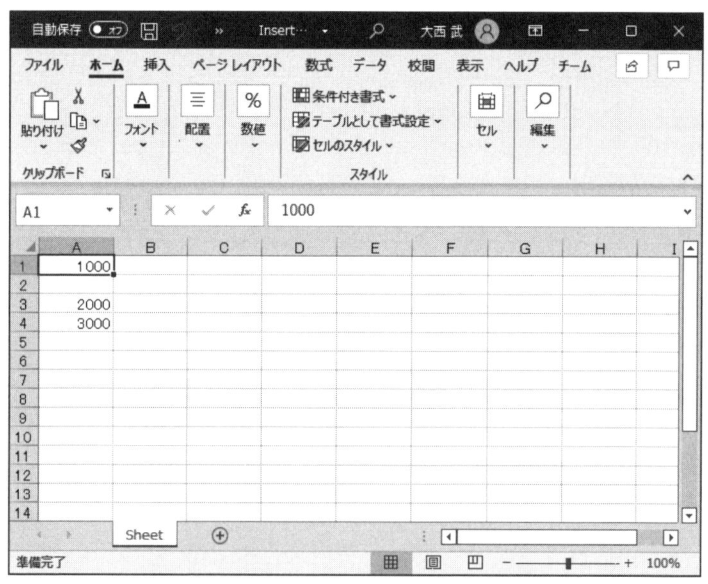

図3-13 行の挿入

リスト3-10 insertrows.py

```
import openpyxl

wb = openpyxl.Workbook()
ws = wb.worksheets[-1]

a1 = ws['A1']
```

```
a1.value = 1000
a2 = ws['A2']
a2.value = 2000
a3 = ws['A3']
a3.value = 3000

ws.insert_rows(2) #①

wb.save('InsertRowsSample.xlsx') #②
```

【コードの解説】

①2行目の前に行を挿入。
②ワークブックをInsertRowsSample.xlsxファイルに保存。

■列削除のサンプルコード

このサンプルは「03excel」→「deletecols.py」にあります。
また、3-2で保存した「ValueSample.xlsx」ファイルを使います。

ワークシートの「delete_cols」メソッドで、第1引数の1列を削除します。
第2引数の数だけ複数列削除でき、第2引数を省略すれば1列削除します。

ワークブックを保存した「DeleteColsSample.xlsx」ファイルをOffice Excelで開いて、図のように列が削除されたことを確認しましょう。

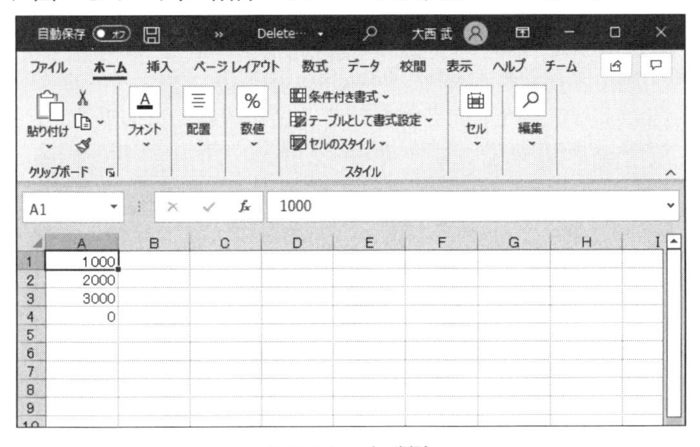

図3-14　列の削除

リスト3-11　deletecols.py

```
import openpyxl

wb = openpyxl.load_workbook('ValueSample.xlsx') #①
ws = wb.worksheets[0] #②

ws.delete_cols(1) #③

wb.save('DeleteColsSample.xlsx') #④
```

【コードの解説】

①ValueSample.xlsxファイルを読み込み、ワークブックの「wb」変数に代入。
②ワークブックの最初のワークシートを「ws」変数に代入。
③ワークシートの1列目を削除。
④ワークブックをDeleteColsSample.xlsxファイルに保存。

■「行削除」のサンプルコード

このサンプルは「03excel」→「deleterows.py」にあります。

3-2で保存したValueSample.xlsxファイルを読み込んで使います。
ワークシートの「delete_rows」メソッドで第1引数の1行を削除します。
第2引数の数だけ複数行削除でき、第2引数を省略すれば1行削除します。

ワークブックを保存した「DeleteRowsSample.xlsx」ファイルをOffice Excelで開いて、図のように1行削除されていることを確認しましょう。

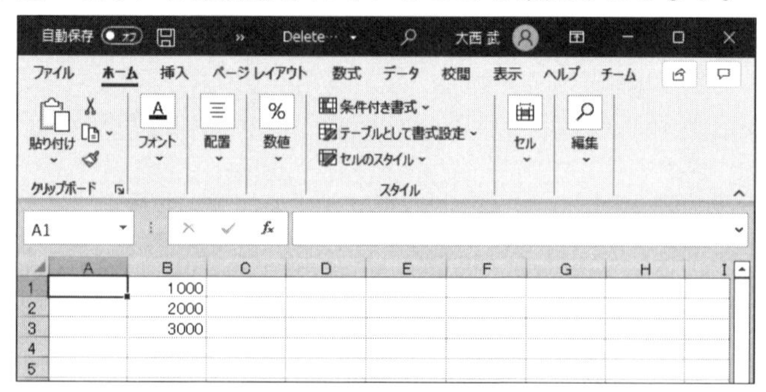

図3-15　行の削除

リスト3-12　deleterows.py

```
import openpyxl

wb = openpyxl.load_workbook('ValueSample.xlsx')
ws = wb.worksheets[0]

ws.delete_rows(4) #①

wb.save('DeleteRowsSample.xlsx') #②
```

【コードの解説】

①4行目を削除。
②ワークブックをDeleteRowsSample.xlsxファイルに保存。

■「セル結合」のサンプルコード

このサンプルは「03excel」→「mergecells.py」にあります。

ここまでセルは1列ずつ1行ずつとぴったり分かれていましたが、複数の列や行をくっつけることができます。

ワークシートの「merge_cells」メソッドで「A～E」の列と「1～3」の行の5×3の15個のセルが1個のセルに結合されます。
「merge」とは「統合させる」「融合させる」などの意味です。

ワークブックを保存した「MergeCellsSample.xlsx」ファイルをOffice Excelで開いて、次の図のようにセルが結合されていることを確認します。

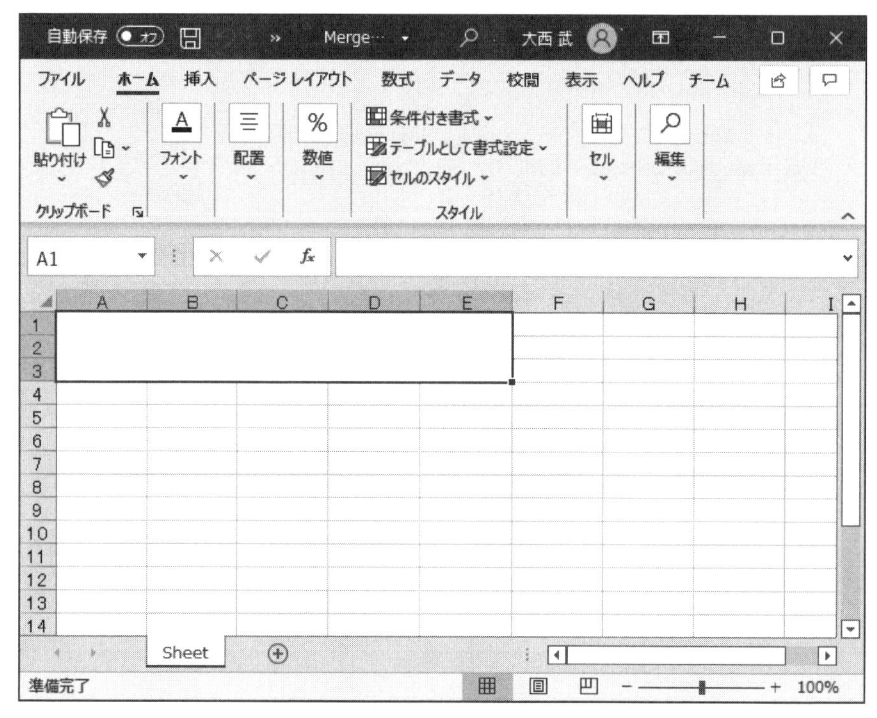

図3-16　セルの結合

リスト3-13　mergecells.py

```
import openpyxl

wb = openpyxl.Workbook() #①
ws = wb.worksheets[0]

ws.merge_cells('A1:E3') #②

wb.save('MergeCellsSample.xlsx') #③
```

【コードの解説】

①ワークブックを新規作成。
②A1～E3までのセルを結合。
③ワークブックMergeCellsSample.xlsxファイルに保存。

3-5 「xlsxファイル」が存在しない場合

この節では「例外処理」について解説します。

■例外処理

ここでは、「読み込もうとした「xlsxファイル」がなかった場合」の例外処理をします。

この節で新たに出てくる機能は次の表のようになります。

「try」文	プログラムで例外(エラーのようなもの)が起きたか調べる
「except」文	try文で例外が起きた場合の処理
「if」文	もし条件文が成り立つかを調べる分岐構文
「in」文	リストなどの中の要素を取り出す
「else」文	if文が成り立たない場合の分岐構文

■例外処理のサンプルコード

このサンプルは「03excel」→「noxlsx.py」にあります。

「try」で例外をキャッチし、例外があった場合「except」を処理します。
つまり、「エラー」になるような例外があってもプログラムを終了させずに継続できます。

ここでは、「NoXlsxSample.xlsx」ファイルを読み込もうとして存在しなかった場合、ワークブックを新規に作ります。

> ※例外処理は処理が重くなることがあるので、スピードが要求される処理には気を付けます。

コラムでも触れますが、充分に「デバッグ」して、例外処理がほぼ必要ないようにしてください。

ワークブックを保存した「NoXlsxSample.xlsx」ファイルをOffice Excelで開いて、次の図のようにワークシート名が「2021-12」になっていることを確認します。

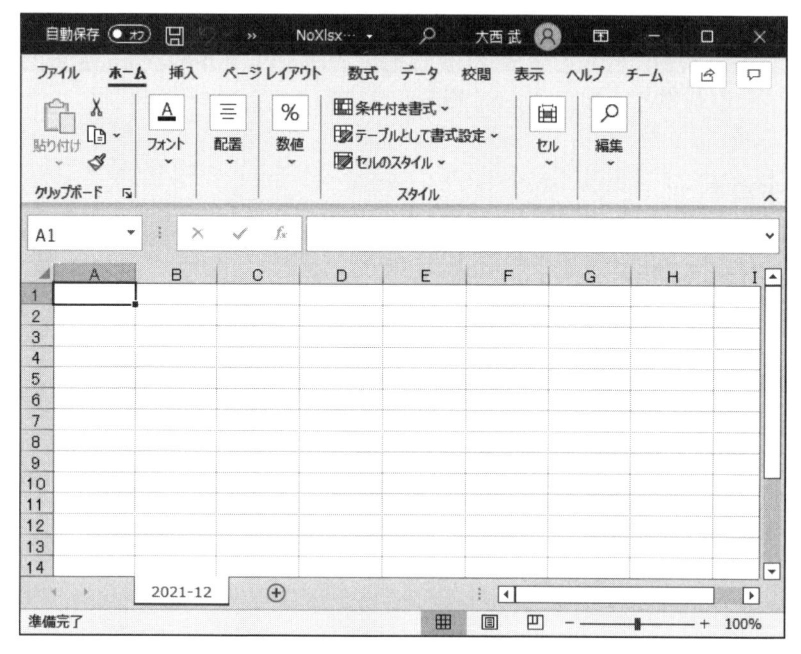

図3-17　例外処理

リスト3-14　noxlsx.py

```
import openpyxl

month = '2021-12' #①

try: #②
  wb=openpyxl.load_workbook(
    "NoXlsxSample.xlsx") #③
except: #④
  wb=openpyxl.Workbook() #⑤
  wb.remove(wb['Sheet']) #⑥

if month in wb.sheetnames: #⑦
  ws=wb[month] #⑧
else: #⑨
  ws=wb.create_sheet(title=month) #⑩

wb.save('NoXlsxSample.xlsx') #⑪
```

【コードの解説】

①年月を「month」変数に代入。
②例外が起こったか調べる。
③「NoXlsxSample.xlsx」ファイルをワークブックに読み込む。
④ワークブックの読み込みに失敗したか調べる。
⑤もし④が成り立つ場合、ワークブックを新規作成。
⑥ワークシート「Sheet」を削除。
⑦ワークシートの一覧に①の名前のワークシートがあるか調べる。
⑧もし⑦が成り立つ場合、ワークシートを「ws」変数に代入。
⑨もし⑦が成り立たない場合。
⑩名前が①のワークシートを新規作成。
⑪ワークブックをNoXlsxSample.xlsxファイルに保存。

Column「デバッグ」について

プログラムの間違いを修正する作業を「デバッグ」と言います。
デバッグは、プログラミングにおいてもっとも重要な作業の1つです。

プログラミングの文法の間違いは、コードが実行できずにターミナルにエラーや警告の内容と行番号が表示されるので比較的容易に修正できます。

しかし、問題なのが文法は正しいのに、コードに間違いがある場合です。
数値が間違っているなど、コードを実行した時「print」関数でターミナルに試しに数値を表示などして間違いを探します。

デバッグという名前は、昔コンピュータに「バグ」(虫) が入って動作が異常になったので、虫を取り除いて直したのが名前の由来だそうです。

3-6 「セル」の画像挿入と画像読み込み

この節では「セル」で「画像」を扱う解説をします。

■セルの画像

ここでは、セルに「画像を挿入」したり、セルから「画像を取り出し」たりします。

この節で新たに出てくる機能は、次のようになります。

「openpyxl.drawing.image」モジュール	画像を扱うモジュール
「Image」クラス	画像を扱うクラス
「add_image」メソッド	指定したセルに画像を挿入
「os」モジュール	各OSに依存する機能を扱うモジュール
「zipfile」モジュール	Zipファイルを扱うモジュール
「cv2」モジュール	画像を処理するOpenCVのモジュール
「numpy」モジュール	数値計算を効率的に処理するモジュール
as	モジュールを別のシンプルな名前で呼び出せるようにする
「pathlib」モジュール	パスを扱うモジュール
「Path」クラス	パスを扱うクラス
「ZipFile」クラス	Zipファイルを読み込むクラス
「namelist」メソッド	Zipファイル内のファイル名の一覧リストを取得
「for」文	ループ処理する繰り返し構文
「splitext」関数	文字列を「配列」を意味する「リスト」に分割
「lower」メソッド	文字列をすべて小文字にする
「continue」文	for文などの中で以降の処理を飛ばして次の繰り返し処理から続ける
「open」関数	ファイルを開く
「read」関数	open関数で開いたファイルのデータ読み込み
「imdecode」関数	画像データを復号
「frombuffer」関数	バッファを取得
「append」メソッド	リストに要素を追加
「close」関数	open関数で開いたファイルを閉じる
「return」文	関数から戻り値を返す
「imshow」関数	OpenCVで画像を表示
「waitKey」関数	OpenCVでキーを押すまで待つ
「destroyAllWindows」関数	OpenCVですべてのウィンドウを破棄

■「セルに画像挿入」のサンプルコード

このサンプルは「03excel」→「image.py」にあります。

文字だけでなく画像もセルに追加できます。「openpyxl.drawing.image」モジュールの「Image」クラスを使って画像を読み込みます。

ここではパス名は絶対パスではなくファイル名だけなので、現在のディレクトリにある「SilkHat.png」ファイルを読み込みます。

ワークブックを保存した「ImageSample.xlsx」ファイルを「Office Excel」で開いて、図のようにシルクハットのキャラの画像が表示されていることを確認します。

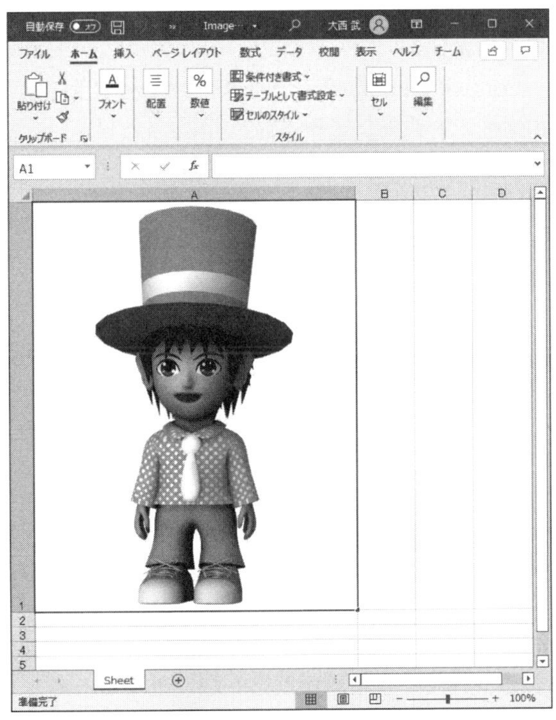

図3-18　セルに画像挿入

リスト3-15　image.py

```
import openpyxl
from openpyxl.drawing.image import Image #①

wb = openpyxl.Workbook()
ws = wb.worksheets[-1]

img = Image("SilkHat.png") #②
ws.add_image(img,'A1') #③

ws.column_dimensions['A'].width = 400/8 #④
ws.row_dimensions[1].height = 500*3/4 #⑤

wb.save('ImageSample.xlsx') #⑥
```

【コードの解説】

①openpyxl.drawing.imageモジュールのImageクラスだけをインポート。
②SilkHat.pngファイルを読み込む。
③画像をセル「A1」に追加。
④列「A」の幅を400pxにセット。
⑤行「1」の高さを500pxにセット。
⑥ワークブックをImageSample.xlsxファイルに保存。

■「画像の読み込みと表示」のサンプルコード

このサンプルは「03excel」→「loadimage.py」にあります。

このサンプルでは「openpyxl」モジュールを使っていません。
なぜなら、Excelファイルから画像を取り出す機能がないからです。
できれば「openpyxl」モジュールでも対応して欲しいところです。

「xlsxファイル」から画像を取り出すには、圧縮ファイルの「Zip形式」としてxlsxファイルを読み込んで、png画像だけを取り出すしかありません。

次の図のように「OpenCV」の「cv2」モジュールで画像を表示できます。
OpenCVの「CV」は「Computer Vision」の頭文字をとった略名で、文字通り画像を読み書きしたり表示したりなど画像を扱えます。

図3-19　画像の読み込みと表示

リスト3-16　loadimage.py

```
import os #①
import zipfile #②
import cv2 #③
import numpy as np #④
from pathlib import Path #⑤

def excel(xlsx_path): #⑥
  images = [] #⑦
  xlsx_zip = zipfile.ZipFile(xlsx_path) #⑧
  zipped_files = xlsx_zip.namelist() #⑨
  for file in zipped_files: #⑩
    ext = os.path.splitext(file) #⑪
    if ext[1].lower() != '.png': continue #⑫
    img_file = xlsx_zip.open(file) #⑬
    data = img_file.read() #⑭
    img = cv2.imdecode(np.frombuffer(
      data,dtype=np.uint8),cv2.IMREAD_UNCHANGED) #⑮
```

```
    images.append({'file':file,'img':img}) #⑯
  xlsx_zip.close() #⑰
  return images #⑱

def show(file,img): #⑲
  cv2.imshow(file,img) #⑳
  cv2.waitKey(0) #㉑
  cv2.destroyAllWindows() #㉒

if __name__ == '__main__': #㉓
  images = excel(Path('ImageSample.xlsx')) #㉔
  for img in images: #㉕
    show(img['file'],img['img']) #㉖
```

【コードの解説】

①「os」モジュールをインポート。
②「zipfile」モジュールをインポート。
③「cv2」モジュールをインポート。
④「numpy」モジュールを「np」としてインポート。
⑤「pathlib」モジュールの「Path」クラスだけをインポート。
⑥Excelファイルから画像のリストを読み込む「excel」関数。
⑦「images」変数に空(から)のリストを代入。
⑧xlsxファイルをZip形式で読み込む。
⑨Zipファイルの中にあるファイルのリストを「zipped_files」変数に代入。
⑩zipped_filesリストの各要素をforループで「file」変数に取り出す。
⑪file変数を拡張子で区切って分割。
⑫もし拡張子が「.png」でなければ⑩に戻る。
⑬file変数のpng画像ファイルを開く。
⑭画像データを「data」変数に代入。
⑮画像データをOpenCV形式にして「img」変数に代入。
⑯imagesリストにファイル名(Key)と画像(Value)の辞書型を追加。
⑰Zipファイルを閉じる。
⑱excel関数の戻り値として「images」変数を返す。
⑲画像を表示する「show」関数。
⑳画像を表示。
㉑キー入力するまで待つ。

㉒プログラムを終了する。

㉓このloadimage.pyファイルがモジュールでなくメインファイルか調べる。

㉔もし㉓が成り立つ場合、「ImageSample.xlsx」ファイルを「excel関数」で読み込む。

㉕「images」リストの各要素をforループして「img」変数に取り出す。

㉖辞書型のimg変数の「file」と「img」を引数にして「show関数」を呼び出す。

3-7 棒グラフのチャート

この節ではチャートについて解説します。

■チャート

この節では棒グラフのチャートを作ります。

チャートは棒グラフの「BarChart」だけでなく、円グラフの「PieChart」、折れ線グラフの「LineChart」、散布図の「ScatterChart」もあります。

この節で新たに出てくる機能は次の表のようになります。

「openpyxl.chart」モジュール	チャートを扱うモジュール
「BarChart」クラス	棒グラフのチャートを扱うクラス
「Reference」クラス	セルの範囲を扱うクラス
「random」モジュール	乱数を取得するモジュール
「active」メソッド	アクティブな(現在開いている)ワークシートを取得
「range」関数	for文などで数値の範囲を取得
「randint」関数	範囲内のランダムな整数を取得
「add_data」メソッド	チャートにセルの範囲を渡す
「add_chart」メソッド	チャートを指定したセルに配置
「title」メソッド	チャート自体のタイトルをセット
「set_categories」メソッド	チャートの各カテゴリ名をセット

■棒グラフのチャートのサンプルコード

このサンプルは「03excel」→「chart01.py」にあります。

「openpyxl.chart」モジュールの「BarChart」クラスで棒グラフのチャートを扱います。

BarChartのインスタンスを「add_data」メソッドでセルの範囲をセットしたり、ワークシートの「add_chart」メソッドでワークシートに棒グラフのチャートを追加したりします。

この際「Reference」クラスでセルのデータを扱います。Referenceはセルの番号(たとえばセル「A1」)ではなく、「min_row」「max_row」「min_col」「max_col」の最小最大の行と列の数値を指定します。

ワークブックを保存した「Chart01Sample.xlsx」ファイルをOffice Excelで開いて、次の図のように棒グラフのチャートになっていることを確認します。

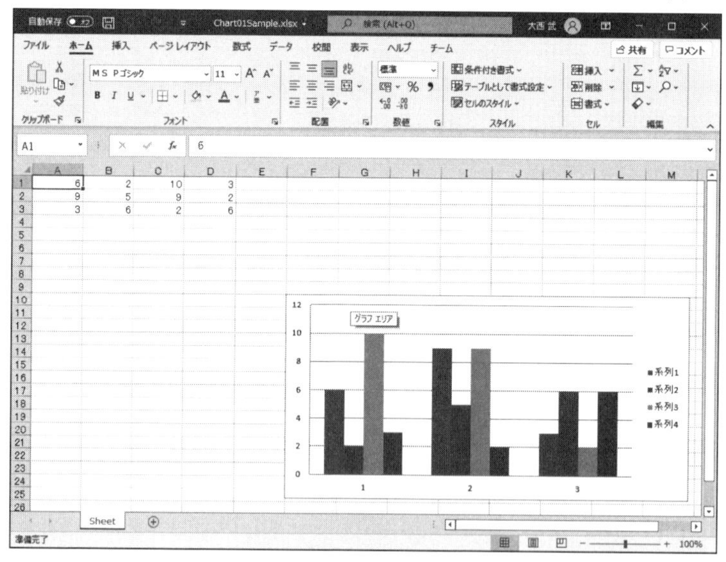

図3-20　棒グラフのチャート

リスト3-17　chart01.py

```
import openpyxl
from openpyxl.chart import BarChart, Reference #①
import random #②

wb = openpyxl.Workbook()
ws = wb.active #③

for i in range(3): #④
  i1 = random.randint(1,10) #⑤
  i2 = random.randint(1,10) #⑥
  i3 = random.randint(1,10) #⑦
  i4 = random.randint(1,10) #⑧
  ws.append([i1,i2,i3,i4]) #⑨

chart = BarChart() #⑩

values = Reference(
  ws,min_row=1,max_row=3,min_col=1,max_col=4) #⑪
chart.add_data(values) #⑫

ws.add_chart(chart,"F10") #⑬

wb.save("Chart01Sample.xlsx") #⑭
```

【コードの解説】

①openpyxl.chartモジュールのBarChartクラスとReferenceクラスをインポート。
②randomモジュールをインポート。
③アクティブなワークシートを「ws」変数に代入。
④0〜3未満までforループ。
⑤「i1」変数に1〜10の乱数を代入。
⑥「i2」変数に1〜10の乱数を代入。
⑦「i3」変数に1〜10の乱数を代入。
⑧「i4」変数に1〜10の乱数を代入。
⑨ワークシートにセルの値「i1〜i4」の1行を追加。
⑩棒グラフのチャートクラスのインスタンスを生成して「chart」変数に代入。

⑪セル「A1～D3」のデータを「values」変数に代入。
⑫棒グラフのチャートに「values」変数のデータを追加。
⑬棒グラフのチャートをセル「F10」に追加。
⑭ワークブックをChart01Sample.xlsxファイルに保存。

■「系列名付きチャート」のサンプルコード

このサンプルは「03excel」→「chart02.py」にあります。

今度は「Reference」で四国の4県の店名のデータも参照して、Referenceした**1行目**の列の値が棒グラフの「系列1～4」になります。

チャートの「add_data」メソッドの第1引数に“values”を、「titles_from_data」引数に“True”をセットすれば、**1行目**のデータが系列名になります。

ワークブックを保存した「Chart02Sample.xlsx」ファイルをOffice Excelで開いて、次の図のように棒グラフのチャートに四国4店が入っていることを確認します。

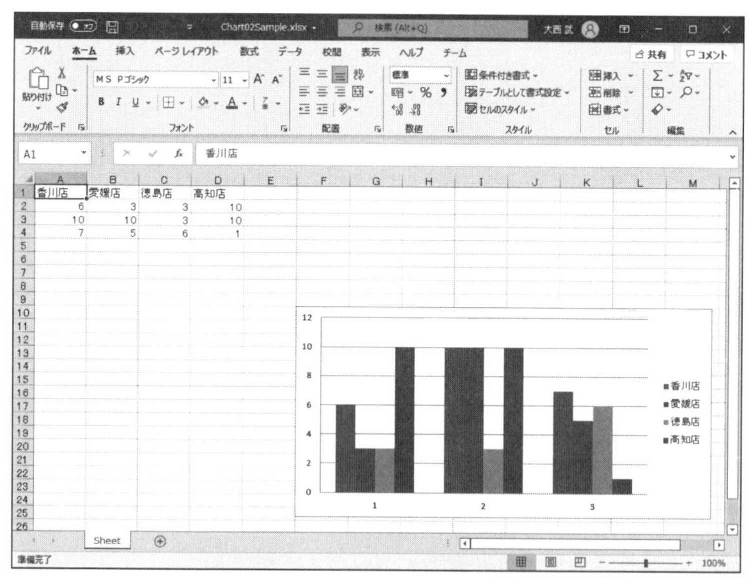

図3-21　棒グラフのチャートに系列名を追加

リスト3-18　chart02.py

```
import openpyxl
from openpyxl.chart import BarChart, Reference
import random

wb = openpyxl.Workbook()
ws = wb.active

a1 = ws['A1'] #①
a1.value = '香川店' #②
b1 = ws['B1'] #③
b1.value = '愛媛店' #④
c1 = ws['C1'] #⑤
c1.value = '徳島店' #⑥
d1 = ws['D1'] #⑦
d1.value = '高知店' #⑧

for i in range(3):
  i1 = random.randint(1,10)
  i2 = random.randint(1,10)
  i3 = random.randint(1,10)
  i4 = random.randint(1,10)
  ws.append([i1,i2,i3,i4])

chart = BarChart()

values = Reference(
  ws,min_row=1,max_row=4,min_col=1,max_col=4) #⑨
chart.add_data(values,titles_from_data=True) #⑩

ws.add_chart(chart,"F10")

wb.save("Chart02Sample.xlsx") #⑪
```

【コードの解説】

①セル「A1」を「a1」変数に代入。
②セル「A1」の値に「香川店」を代入。
③セル「B1」を「b1」変数に代入。
④セル「B1」の値に「愛媛店」を代入。

⑤セル「C1」を「c1」変数に代入。
⑥セル「C1」の値に「徳島店」を代入。
⑦セル「D1」を「d1」変数に代入。
⑧セル「D1」の値に「高知店」を代入。
⑨セル「A1～D4」を「values」変数に代入。
⑩チャートに⑨をセットし、データの1行目から系列名を取得。
⑪ワークブックをChart02Sample.xlsxファイルに保存。

■「カテゴリ付きチャート」サンプルコード

このサンプルは「03excel」→「chart03.py」にあります。

ここでは、セル「A2～A4」に楽器名「ギター」「ベース」「ドラム」を代入します。
ワークシートに「append」メソッドで最後の次の空（から）の行に1行を追加します。

チャートの「set_categories」メソッドで、Referenceで指定した「A2～A4」の楽器名をカテゴリ名にセットします。

ワークブックを保存した「Chart03Sample.xlsx」ファイルをOffice Excelで開いて、次の図のように棒グラフのチャートに楽器名のカテゴリが入っていることを確認します。

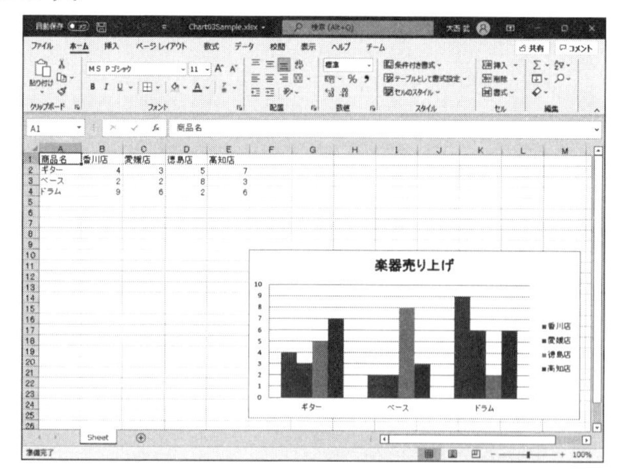

図3-22　棒グラフのチャートにカテゴリを追加

リスト3-19　chart03.py

```
import openpyxl
from openpyxl.chart import BarChart, Reference
import random

wb = openpyxl.Workbook()
ws = wb.active

a1 = ws['A1'] #①
a1.value = '商品名' #②
b1 = ws['B1'] #③
b1.value = '香川店' #④
c1 = ws['C1'] #⑤
c1.value = '愛媛店' #⑥
d1 = ws['D1'] #⑦
d1.value = '徳島店' #⑧
e1 = ws['E1'] #⑨
e1.value = '高知店' #⑩

items = ['ギター','ベース','ドラム'] #⑪

for i in range(3):
  i1 = items[i] #⑫
  i2 = random.randint(1,10) #⑬
  i3 = random.randint(1,10) #⑭
  i4 = random.randint(1,10) #⑮
  i5 = random.randint(1,10) #⑯
  ws.append([i1,i2,i3,i4,i5]) #⑰

chart = BarChart()
chart.title = "楽器売り上げ" #⑱

values = Reference(
  ws,min_row=1,max_row=4,min_col=2,max_col=5) #⑲
chart.add_data(values,titles_from_data=True)

xvalues = Reference(
  ws,min_row=2,max_row=4,min_col=1,max_col=1) #⑳
chart.set_categories(xvalues) #㉑

ws.add_chart(chart,"F10")
wb.save("Chart03Sample.xlsx") #㉒
```

【コードの解説】

①セル「A1」を「a1」変数に代入。
②セル「A1」の値に「商品名」を代入。
③セル「B1」を「b1」変数に代入。
④セル「B1」の値に「香川店」を代入。
⑤セル「C1」を「c1」変数に代入。
⑥セル「C1」の値に「愛媛店」を代入。
⑦セル「D1」を「d1」変数に代入。
⑧セル「D1」の値に「徳島店」を代入。
⑨セル「E1」を「e1」変数に代入。
⑩セル「E1」の値に「高知店」を代入。
⑪楽器名のリストを「items」変数に代入。
⑫「i1」変数に楽器名を代入。
⑬「i2」変数に1～10の乱数を代入。
⑭「i3」変数に1～10の乱数を代入。
⑮「i4」変数に1～10の乱数を代入。
⑯「i5」変数に1～10の乱数を代入。
⑰ワークシートの後ろの空(から)の行に「i1～i5」の1行を追加。
⑱チャートのタイトルに「楽器売り上げ」を代入。
⑲セル「B1～E4」のデータを「values」変数に代入。
⑳セル「A2～A4」の楽器名データを「xvalues」変数に代入。
㉑チャートのカテゴリ名に「xvalues」を代入。
㉒ワークブックをChart03Sample.xlsxファイルに保存。

＊

■この章のまとめ

この章ではPythonでワークブックやワークシートやセルを作ったり削除したりしてExcelの独自形式「xlsxファイル」を保存したり開いたりできる「OpenPyXL」モジュールの使い方を解説しました。

次の章以降では、これらを応用し、「AI」のデータなどを使って「xlsxファイル」に保存してExcelで開いたり、保存したりします。

第4章

「日本語」のExcel表を「英語」に翻訳

この章ではPythonで「日本語⇔英語」に翻訳して「xlsxファイル」を作ります。

4-1 「日本語」で国名を書いたExcelファイル

この節では各国の日本語名をExcelファイルに書き出す解説をします。

■自然言語の「翻訳AI」

ここでは、「自然言語」(プログラミング言語に対し、人間が普段使う言語のこと)を「日本語⇔英語」などに翻訳するのに、「Googletrans」モジュールというAIを使います。

Googletransパッケージは**第2章**を参考にして「pip」でインストールしてください。

「Googletrans」は、Pythonから「Translation AI」に接続できる「Google Translate API」を実装したPythonパッケージです。

Google Translate APIはWebブラウザで見れる「Google翻訳」などに使われている技術です。

> ※1-3でも触れましたが「Googletrans」は、1日に使える文字数に制限があるため、次の節では1日にあまり何度も実行しないほうがいいでしょう。

この節ではまず、「日本語の国名」だけをExcelファイルに書き出して準備します。

もちろん、Pythonで「xlsx」ファイルを書き出さなくても、Excel上で手入力でA列に日本語を書いても大丈夫です。

Excel上でも作業する練習になるでしょう。

この節で新たに出てくる機能は、次のようになります。

「split」メソッド	文字列を引数の文字列で区切って分割し配列に変換したリストを取得
「enumerate」関数	for文などにおいてリストなどのインデックスと要素の両方を別々に取得
「str」関数	数値を文字列に変換

■「日本語列」のサンプルコード

このサンプルは「04translate」→「japanese.py」にあります。

リストの②には、文字列で日本語の国名を書いていますが、本当はリストに1つずつ国名を用意した方が「split」でリストに分割する処理も不要になります。

ですが、このようにコードを書くことでも、「文字列処理」の練習になるでしょう。

「for」文で「range」を使うと数字をループしますが、リストだと要素をループします。ここでは「enumerate」を使っていて、リストの要素だけでなくインデックスも取得できます。

保存した「JapaneseSample.xlsx」ファイルを「Office Excel」で開いて、次の図のようにA列に日本語で国名が書かれているか確認します。

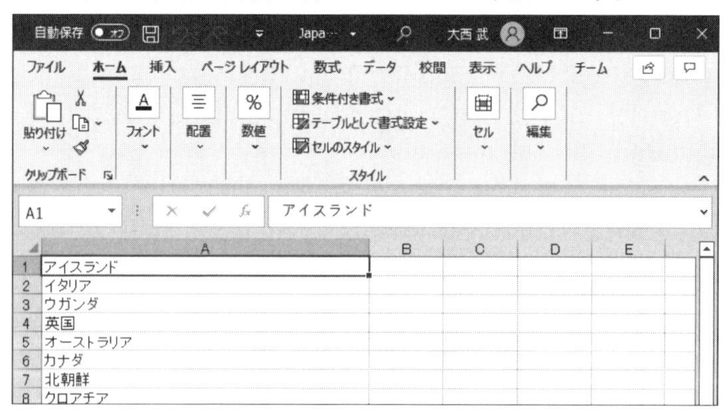

図4-1 日本語で書いた各国名のExcel表

リスト4-1　japanese.py

```
import openpyxl #①

country = '''アイスランド
イタリア
ウガンダ
英国
オーストラリア
カナダ
北朝鮮
クロアチア
ケニア
コロンビア
サウジアラビア
シンガポール
スペイン
セルビア
ソマリア
台湾
大韓民国
チェコ
中国
デンマーク
ドイツ
ナイジェリア
ニュージーランド
ネパール
ノルウェー
ハンガリー
フランス
米国
ポルトガル
マレーシア
南アフリカ
メキシコ
モンゴル
ヨルダン
ラオス
リトアニア
ルーマニア
レバノン
ロシア''' #②
```

```
rows = country.split('\n') #③

wb = openpyxl.Workbook() #④
ws = wb.worksheets[-1] #⑤

for idx,row in enumerate(rows): #⑥
  index = str(idx+1) #⑦
  cell = ws['A'+index] #⑧
  cell.value = row #⑨

ws.column_dimensions['A'].width = 480/8 #⑩
wb.save('JapaneseSample.xlsx') #⑪
```

【コードの解説】

①「openpyxl」モジュールのインポート。
②各国の日本語名の文字列を「country」変数に代入。
③country変数を改行文字で区切って「rows」リストに代入。
④ワークブックを新規作成。
⑤ワークシートのリストの最後の要素を「ws」変数に代入。
⑥「rows」リストをforループして、インデックスを「idx」変数に、要素を「row」変数に代入。
⑦行番号を文字列に変換して「index」変数に代入。Excelの行は0からではなく1から始まるのでidxに1加算。
⑧「A列index行」のセルを「cell」変数に代入。
⑨「cell」変数の値に「row」変数を代入。
⑩A列の幅を480ピクセルにセット。
⑪ワークブックを「JapaneseSample.xlsx」ファイルに保存。

4-2 「Excel」の日本語を隣の列に英語翻訳する

この節では「日本語」で書かれた各国名を「英語」に翻訳して、Excelファイルに書き出します。

■自然言語を翻訳してExcelファイルに書き出し

前節で用意した、日本語の各国名が書かれた「JapaneseSample.xlsx」ファイルを「OpenPyXL」モジュールで読み込んで、自然言語を「GoogleTrans」モジュールで翻訳して、「Translate02Sample.xlsx」ファイルに書き出します。この節で新たに出てくる機能は、次のようになります。

「googletrans」モジュール	自然言語の翻訳を担当するモジュール
「Translator」クラス	自然言語の翻訳を担当するクラス
「translate」メソッド	自然言語を翻訳
「text」プロパティ	Translatorクラスの翻訳後の文字列プロパティ

■「日本語の2つの列」のサンプルコード

このサンプルは「04translate」→「main01.py」にあります。

ここでは、今までのように1つのワークブックだけでなく、新たにもう1つのワークブックを新規作成しています。

2つのワークブック間で、ワークシートのセルの値を渡すためです。

まだ翻訳機能を使っていないので、日本語の国名だけです。

今回は日本語で国名を書きましたが、日本語なら名詞だけでなく、文章でも何でも問題ありません。

保存した「Translate01Sample.xlsx」ファイルを「Office Excel」で開いて、次の図のように2つの列に日本語で国名が書かれているか確認します。

図4-2　2つのワークブックを作成

リスト4-2 main01.py

```
import openpyxl

wb = openpyxl.load_workbook('JapaneseSample.xlsx')
ws = wb.worksheets[-1]
new_wb = openpyxl.Workbook() #①
new_ws = new_wb.worksheets[-1] #②

for idx,row in enumerate(ws.rows):
  index = str(idx+1)
  cell = new_ws['A'+index] #③
  value = row[0].value #④
  cell.value = value #⑤
  cell = new_ws['B'+index] #⑥
  cell.value = value #⑦

new_wb.save('Translate01Sample.xlsx') #⑧
```

【コードの解説】

①もう1つワークブックを新規作成して「new_wb」変数に代入。
②new_wb変数のワークシートのリストの最後の要素を「new_ws」変数に代入。
③new_ws変数のA列index行のセルを取得して「cell」変数に代入。
④rowリストの0インデックスの値を「value」変数に代入。
⑤cell変数の値にvalue変数を代入。
⑥new_ws変数のB列index行のセルを取得して「cell」変数に代入。
⑦cell変数にvalue変数を代入。
⑧new_wb変数のワークブックを「Translate01Sample.xlsx」ファイルに保存。

■日本語から英語翻訳のサンプルコード

このサンプルは「04translate」→「main02.py」にあります。

「翻訳AI」を使うには「googletrans」モジュールの「Translator」クラスのインスタンスを作って、「translate」メソッドで値を翻訳します。

デフォルトでは、「各国語」→「英語」の英訳です。

「翻訳AI」だけを記述したサンプルコードをコラムに書いたので、それも参考にしてください。

保存した「Translate02Sample.xlsx」ファイルを「Office Excel」で開いて、図のように2つの列に日本語と英語で国名が書かれているかを確認します。

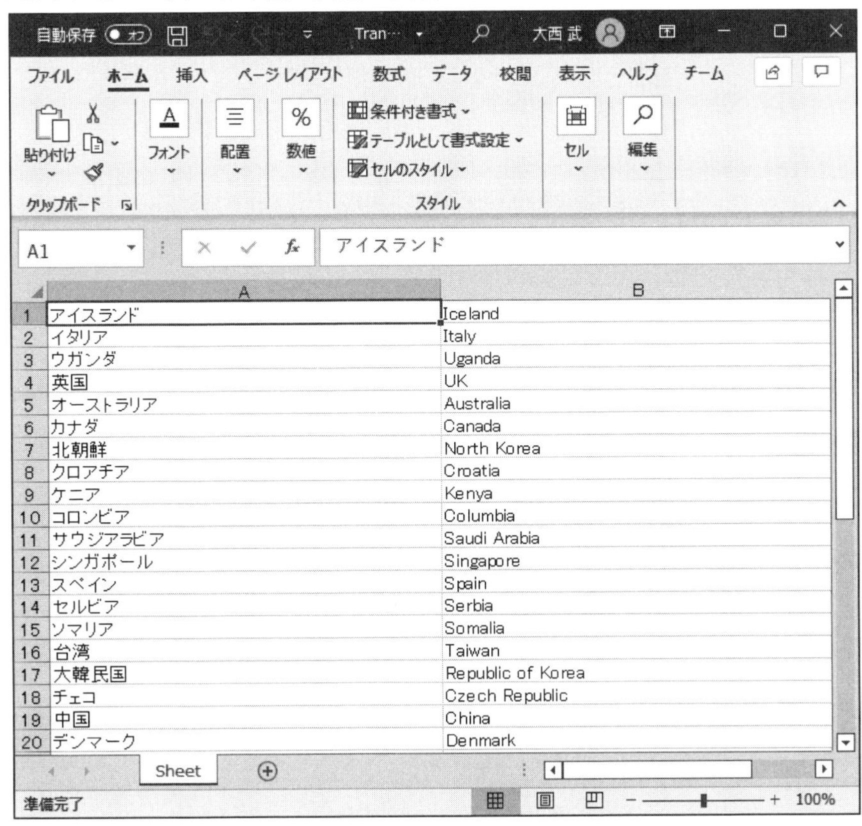

	A	B
1	アイスランド	Iceland
2	イタリア	Italy
3	ウガンダ	Uganda
4	英国	UK
5	オーストラリア	Australia
6	カナダ	Canada
7	北朝鮮	North Korea
8	クロアチア	Croatia
9	ケニア	Kenya
10	コロンビア	Columbia
11	サウジアラビア	Saudi Arabia
12	シンガポール	Singapore
13	スペイン	Spain
14	セルビア	Serbia
15	ソマリア	Somalia
16	台湾	Taiwan
17	大韓民国	Republic of Korea
18	チェコ	Czech Republic
19	中国	China
20	デンマーク	Denmark

図4-3　日本語で書かれた各国名を英語に翻訳

リスト4-3　main02.py

```
import openpyxl
from googletrans import Translator #①

wb = openpyxl.load_workbook('JapaneseSample.xlsx')
ws = wb.worksheets[-1]
new_wb = openpyxl.Workbook()
new_ws = new_wb.worksheets[-1]
translator = Translator() #②

for idx,row in enumerate(ws.rows):
  index = str(idx+1)
  cell = new_ws['A'+index]
  value = row[0].value
  cell.value = value
  trans = translator.translate(value) #③
  cell = new_ws['B'+index] #④
  cell.value = trans.text #⑤

new_ws.column_dimensions['A'].width = 480/8 #⑥
new_ws.column_dimensions['B'].width = 480/8 #⑦
new_wb.save('Translate02Sample.xlsx') #⑧
```

【コードの解説】

①「googletrans」モジュールの「Translator」クラスをインポート。
②Translatorクラスのインスタンスを生成し「translator」変数に代入。
③Translatorクラスの「translate」メソッドで値を英語に翻訳。
④「new_ws」変数のB列index行のセルを「cell」変数に代入。
⑤cell変数のvalueプロパティに翻訳した英語文字列を代入。
⑥A列の幅を「480ピクセル」にセット。
⑦B列の幅を「480ピクセル」にセット。
⑧「new_wb」変数の「save」メソッドで「Translate02Sample.xlsx」ファイルに保存。

Column 「Googletrans」だけのサンプル

「Googletrans」モジュールをシンプルに翻訳機能だけを取り出したサンプルコードです。
少し応用して英語から日本語に翻訳しターミナルに表示します。

リスト4-4　english.py

```
from googletrans import Translator #①

translator = Translator() #②
value = "Never too late." #③
trans = translator.translate(
  value,dest='ja',src='en') #④
print(value+" = "+trans.text) #⑤
```

【コードの解説】

①「googletrans」モジュールの「Translator」クラスをインポート。
②Translatorクラスのインスタンスを生成して「translator」変数に代入。
③英語文字列「Never too late.」を「value」変数に代入。
④Translatorクラスの「translate」メソッドで値を日本語に翻訳。
「dest」引数が目的の日本語で、「src」変数が元になる英語を指定。
⑤ターミナルに日本語に翻訳した文字列を表示。本当はことわざなので正しくは「人生、遅過ぎることはない」という意味。

■この章のまとめ

この章で、初めて「AI」である「Googletrans」パッケージを使いしました。

Excelファイルの A列に書かれた日本語の各国名を、英語に翻訳して同じ行の B列に書きました。

「家計簿のサンプル」を作成

この章では、簡単に家計簿を作るために、「OpenPyXL」モジュールを使って、Excelを自動化します。

5-1 「家計簿」の下準備

家計簿を作るための下準備をします。

■家計簿について

「Excel」のファイルに「日付」「商品名」「価格」の記録を付ける家計簿を作ります。

ここでは、まだランダムな値を入れるだけです。

最終的には、**第7章**でAI「OCR」で「レシートの画像」から文字を抽出して、家計簿に記録します。

これがPythonとAIで家計簿をつけるExcel自動化です。

この章は**第3章**で解説した「OpenPyXL」モジュールを使えば、簡単に作ることができます。

この節で新たに出てくる機能は、次のようになります。

「__name__」変数	このpyファイルがどこから呼ばれて実行されているかの変数。ここで「__main__」なら、メインの「py」ファイルである

■「家計簿の下準備」のサンプルコード

このサンプルは「05expenses」→「main01.py」にあります。

「関数」は「def」で宣言でき、呼び出されるまで何も実行しません。

「return wb,ws」の「タプル」(tuple)は、丸括弧を省略できます。
なぜなら、「タプル」を作るのは「カンマ」であり、「丸括弧」ではないからです。

保存した「Expenses01Sample.xlsx」ファイルを「Office Excel」で開きます。
図のようにワークシート「2021-12」が作られ、「A」「B」「C」列の幅がセットされていることを確認します。

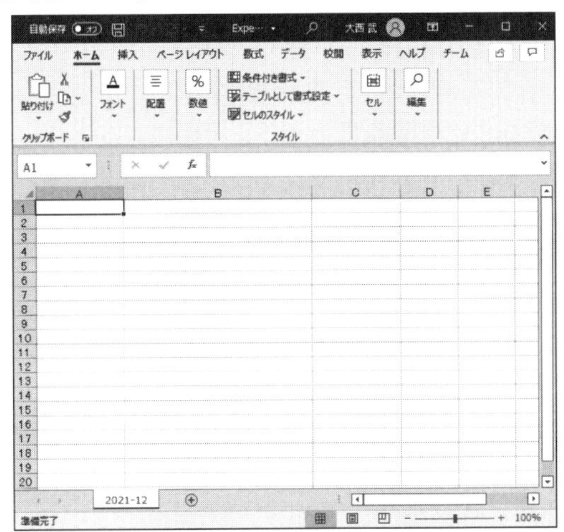

図5-1　家計簿の下準備

リスト5-1　main01.py

```
import openpyxl #①

def begin(month): #②
  wb = openpyxl.Workbook() #③
  wb.remove(wb['Sheet']) #④
  ws = wb.create_sheet(title=month) #⑤
  ws.column_dimensions['A'].width = 168/8 #⑥
  ws.column_dimensions['B'].width = 360/8 #⑦
```

```
  ws.column_dimensions['C'].width = 168/8 #⑧
  return wb,ws #⑨

if __name__ == '__main__': #⑩
  month = '2021-12' #⑪
  day = month+'-05' #⑫
  wb,ws = begin(month) #⑬
  wb.save('Expenses01Sample.xlsx') #⑭
```

【コードの解説】

①「openpyxl」モジュールのインポート。
②ワークブックやワークシートを用意して開始する「begin」関数。
③ワークブックを新規作成。
④ワークシート「Sheet」を取り除く。
⑤年月の名前のワークシートを新規作成。
⑥A列の幅を168ピクセルにセット。
⑦B列の幅を360ピクセルにセット。
⑧C列の幅を168ピクセルにセット。
⑨「begin」関数の戻り値としてワークブックとワークシートのタプルを返す。
⑩この「main01.py」ファイルが「モジュール」ではなく「メインファイル」であることを調べる。
⑪もし、⑩が成り立つ場合、年月を「2021-12」にセット。
⑫年月日を「2021-12-05」にセット。
⑬「begin」関数を呼び出す。
⑭ワークブックを「Expenses01Sample.xlsx」ファイルに保存。

Column Expenses

「Expenses」は「家計簿」という意味の英語です。
正確には「household expenses」で、「Expenses」だけの場合、本来の意味は「経費」です。

Column「AI」のシステム

本書はPythonでAIを扱う入門書であり、AIのシステム自体はモジュールが担当してくれるので、読者は何も難しいコードを書く必要はありません。
基本的なPythonのコードを書くだけです。

逆に、「AIのモジュール」も作ろうとしたら、「py」ファイルでAIのシステムを作っても処理が重過ぎるので、C言語を元した「Cython」でコードを書いたり「py」ファイルを変換したりしなければなりません。

プログラミング言語は使えても、それ以上にAIのシステムのアルゴリズムを考えるのがもっと大変です。
日本語を使えても小学生には大学の授業は難しいですよね。
AIのシステムを作るのもそれに似ています。

5-2 「家計簿」のヘッダー

この節では、家計簿のヘッダーについて解説します。

■家計簿のヘッダー

家計簿の項目である「ヘッダー」だけが書かれたExcelファイルを作ります。

この節で新たに出てくる機能は、次のようになります。

「datetime」モジュール	時間に関するモジュール
「today」メソッド	今日の時間を取得
「strftime」メソッド	時間を引数で指定した書式の文字列で取得

■家計簿のヘッダーのサンプルコード

このサンプルは「05expenses」→「main02.py」にあります。

3-5でも解説したように、エラーが起こった場合にもプログラムが終了しないように、「try」「except」で例外をキャッチします。

「header」関数で「日付」「商品名」「価格」という文字のヘッダーを作ります。
これは、年月の名前のワークシートが新しく作られたときだけです。

すでに同じ年月の名前のワークシートがある場合は、新たなヘッダーは作りません。

＊

保存した「Expenses02Sample.xlsx」ファイルを「Office Excelで開いて、図のようにヘッダーが作られたことを確認します。

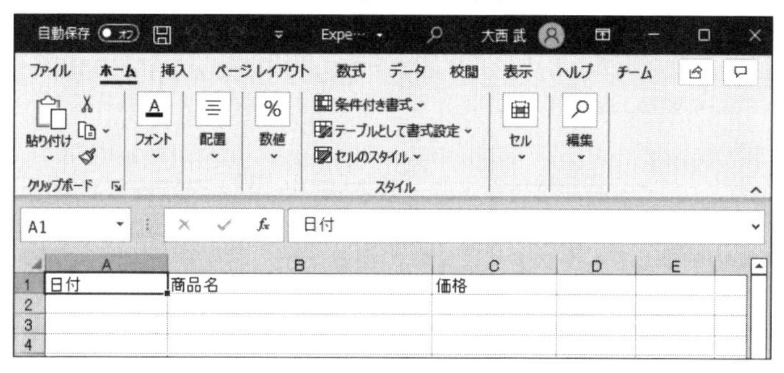

図5-2 家計簿のヘッダー

リスト5-2 main02.py

```
import datetime #①
import openpyxl

def header(ws): #②
  cell = ws['A1'] #③
  cell.value = '日付' #④
  cell = ws['B1'] #⑤
  cell.value = '商品名' #⑥
  cell = ws['C1'] #⑦
  cell.value = '価格' #⑧

def begin(month):
  try: #⑨
    wb=openpyxl.load_workbook("Expenses02Sample.xlsx") #⑩
  except: #⑪
    wb = openpyxl.Workbook() #インデント
    wb.remove(wb['Sheet']) #インデント
  if month in wb.sheetnames: #⑫
    ws = wb[month] #⑬
  else: #⑭
    ws = wb.create_sheet(title=month) #インデント
```

```
    header(ws) #⑮
  ws.column_dimensions['A'].width = 168/8
  ws.column_dimensions['B'].width = 360/8
  ws.column_dimensions['C'].width = 168/8
  return wb,ws

if __name__ == '__main__':
  month = datetime.date.today().strftime('%Y-%m') #⑯
  day = datetime.date.today().strftime('%Y-%m-%d') #⑰
  wb,ws = begin(month)
  wb.save('Expenses02Sample.xlsx') #⑱
```

【コードの解説】

①「datetime」モジュールをインポート。
②ヘッダーを作る「header」関数の定義。
③セル「A1」を「cell」変数に代入。
④セル「A1」の値に「日付」を代入。
⑤セル「B1」を「cell」変数に代入。
⑥セル「B1」の値に「商品名」を代入。
⑦セル「C1」を「cell」変数に代入。
⑧セル「C1」の値に「価格」を代入。
⑨例外をキャッチする。
⑩Expenses02Sample.xlsxファイルをワークブックに読み込み。
⑪Expenses02Sample.xlsxファイルの読み込みに失敗し例外が起きたか調べる。
⑫ワークシートの一覧リストに「month」変数と同じ名前があるか調べる。
⑬もし⑫が成り立つ場合、month変数の名前のワークシートを取得。
⑭もし⑫が成り立たない場合。
⑮ヘッダー関数を呼び出す。
⑯今日の年月を「month」変数に代入。
⑰今日の年月日を「day」変数に代入。
⑱ワークブックをExpenses02Sample.xlsxファイルに保存。

5-3 ヘッダーの「装飾」

この節では家計簿のヘッダーを「装飾」する解説をします。

■家計簿のヘッダーの装飾

家計簿のヘッダーを、文字右寄せしたり、上下中央寄りにしたり、グレーの背景にしたり、ボーダーで囲んだりなどの「装飾」をします。

この節で新たに出てくる機能はありません。

■「ヘッダーの装飾」のサンプルコード

このサンプルは「05expenses」→「main03.py」にあります。

セルの「Alignment」「PatternFill」「Border」「Side」については**3-3**で解説した通りです。

「Align」(アライン)は「整列」で、「Fill」(フィル)は「塗り潰し」で、「Border」(ボーダー)は「外枠」、そして「Side」(サイド)は「側、側面」という意味です。

「A1」～「C1」のセルの「alignment」と「fill」と「border」の装飾はすべて同じなので、「for」ループで、もっとシンプルに書き換えられます。

保存した「Expenses03Sample.xlsx」ファイルを「Office Excel」で開いて、図のようにヘッダーの文字は「右寄せ」で、背景色を「塗り潰し」て、「外枠が囲まれている」かを確認します。

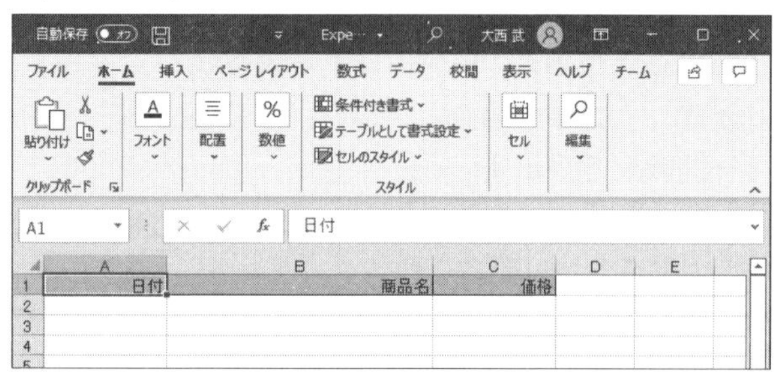

図5-3 家計簿のヘッダーの装飾

リスト5-3　main03.py

```
import datetime
import openpyxl
from openpyxl.styles.alignment import Alignment #①
from openpyxl.styles import PatternFill #②
from openpyxl.styles.borders import Border, Side #③

align = Alignment(horizontal='right',vertical='center') #④
fill = PatternFill(patternType='solid',fgColor='cccccc') #⑤
side = Side(style='thin', color='000000') #⑥
border=Border(top=side,bottom=side,left=side,right=side) #⑦

def header(ws):
  cell = ws['A1']
  cell.value = '日付'
  cell.alignment = align #⑧
  cell.fill = fill #⑨
  cell.border = border #⑩
  cell = ws['B1']
  cell.value = '商品名'
  cell.alignment = align #⑪
  cell.fill = fill #⑫
  cell.border = border #⑬
  cell = ws['C1']
  cell.value = '価格'
  cell.alignment = align #⑭
  cell.fill = fill #⑮
  cell.border = border #⑯

def begin(month):
  try:
    wb=openpyxl.load_workbook("Expenses03Sample.xlsx") #⑰
  except:
    wb = openpyxl.Workbook()
    wb.remove(wb['Sheet'])
  if month in wb.sheetnames:
    ws = wb[month]
  else:
    ws = wb.create_sheet(title=month)
    header(ws)
```

```
  ws.column_dimensions['A'].width = 168/8
  ws.column_dimensions['B'].width = 360/8
  ws.column_dimensions['C'].width = 168/8
  return wb,ws

if __name__ == '__main__':
  month = datetime.date.today().strftime('%Y-%m')
  day = datetime.date.today().strftime('%Y-%m-%d')
  wb,ws = begin(month)
  wb.save('Expenses03Sample.xlsx') #⑱
```

【コードの解説】

①整列の「Alignment」クラスをインポート。
②塗り潰しの「PatternFill」クラスをインポート。
③枠線の「Border」クラスと枠の側の「Side」クラスをインポート。
④横に右寄せ、縦に中央のアラインを「align」変数に代入。
⑤ライトグレーで塗り潰しを「fill」変数に代入。
⑥線の黒色を「side」変数に代入。
⑦枠線の上下左右にside変数をセットして「border」変数に代入。
⑧セル「A1」のアラインにalign変数を代入。
⑨セル「A1」の塗り潰しにfill変数を代入。
⑩セル「A1」の枠線にborder変数を代入。
⑪セル「B1」のアラインにalign変数を代入。
⑫セル「B1」の塗り潰しにfill変数を代入。
⑬セル「B1」の枠線にborder変数を代入。
⑭セル「C1」のアラインにalign変数を代入。
⑮セル「C1」の塗り潰しにfill変数を代入。
⑯セル「C1」の枠線にborder変数を代入。
⑰Expenses03Sample.xlsxファイルを読み込んでワークブック「wb」変数に代入。
⑱ワークブックをExpenses03Sample.xlsxファイルに保存。

5-4 「ランダムな商品」の家計簿について

この節では家計簿に商品を挿入します。

■「ランダムな商品」の家計簿

この節では「main04.py」ファイルを実行するたびに、今月のワークシートにランダムに家計簿を10行ずつ追加します。

この節で新たに出てくる機能は次のようになります。

「max_row」プロパティ	ワークシートの最後の行番号を取得
「len」関数	リストなどの要素数を取得

■「家計簿の行挿入」のサンプルコード

このサンプルは「05expenses」→「main04.py」にあります。

テストでは、ランダムな値を使えば「商品名」や「価格」の行を簡単に挿入できます。

「main04.py」を実行するたびに、今月のワークシートに10行ずつランダムな家計簿を挿入します。

「random」モジュールの「randint」メソッドで「第1引数～第2引数」までの乱数を取得します。

数値の範囲は、大抵が「第1引数～第2引数」未満の値ですが、このメソッドは「第2引数」の数値も乱数に含みます。

保存した「Expenses04Sample.xlsx」ファイルを「Office Excel」で開いて、図のように「日付」と「ランダムな商品名」「価格」が追加されたかを確認します。

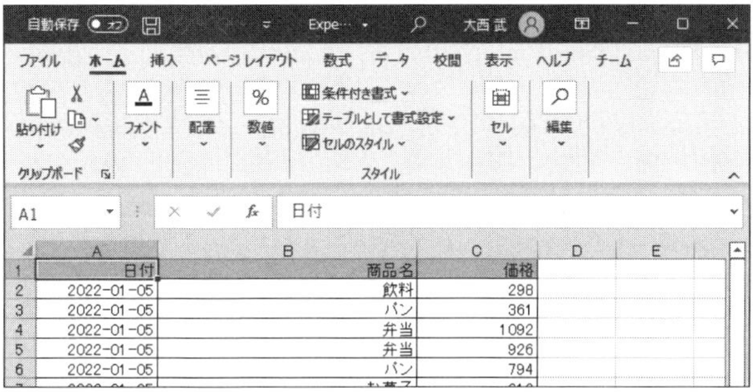

図5-4　ランダムに家計簿を入力

リスト5-4 main04.py

```
import datetime
import random #①
import openpyxl
from openpyxl.styles.alignment import Alignment
from openpyxl.styles import PatternFill
from openpyxl.styles.borders import Border, Side

align = Alignment(horizontal='right',vertical='center')
fill = PatternFill(patternType='solid',fgColor='cccccc')
side = Side(style='thin', color='000000')
border = Border(top=side, bottom=side, left=side, right=side)

def header(ws):
  cell = ws['A1']
  cell.value = '日付'
  cell.alignment = align
  cell.fill = fill
  cell.border = border
  cell = ws['B1']
  cell.value = '商品名'
  cell.alignment = align
  cell.fill = fill
  cell.border = border
  cell = ws['C1']
  cell.value = '価格'
  cell.alignment = align
  cell.fill = fill
  cell.border = border

def begin(month):
  try:
    wb=openpyxl.load_workbook("Expenses04Sample.xlsx") #②
  except:
    wb = openpyxl.Workbook()
    wb.remove(wb['Sheet'])
  if month in wb.sheetnames:
    ws = wb[month]
  else:
    ws = wb.create_sheet(title=month)
```

```
    header(ws)
  ws.column_dimensions['A'].width = 168/8
  ws.column_dimensions['B'].width = 360/8
  ws.column_dimensions['C'].width = 168/8
  return wb,ws

def excel(ws,index,day,item,price): #③
  cell = ws['A'+str(index)] #④
  cell.value = day #⑤
  cell.alignment = align #⑥
  cell.border = border #⑦
  cell = ws['B'+str(index)] #⑧
  cell.value = item #⑨
  cell.alignment = align #⑩
  cell.border = border #⑪
  cell = ws['C'+str(index)] #⑫
  cell.value = price #⑬
  cell.alignment = align #⑭
  cell.border = border #⑮

if __name__ == '__main__':
  month = datetime.date.today().strftime('%Y-%m')
  day = datetime.date.today().strftime('%Y-%m-%d')
  items = ('野菜','米','弁当',
    '冷凍食品','飲料','お菓子','パン') #⑯
  wb,ws = begin(month)
  max = ws.max_row+1 #⑰
  last = len(items)-1 #⑱
  for i in range(10): #⑲
    item = items[random.randint(0,last)] #⑳
    price = random.randint(110,1100) #㉑
    excel(ws,max+i,day,item,price) #㉒
  wb.save('Expenses04Sample.xlsx') #㉓
```

【コードの解説】

①ランダムな値を取得する「random」モジュールをインポート。
②Expenses04Sample.xlsxファイルを読み込む。
③Excelのセルに商品を購入した日時と名前と価格の1行を追加する「excel」関数。
④A列のindex行のセルを「cell」変数に代入。
⑤A列のindex行のセルに日時を代入。
⑥A列のindex行のセルの整列に「align」変数をセット。
⑦A列のindex行のセルの枠線に「border」変数をセット。
⑧B列のindex行のセルを「cell」変数に代入。
⑨B列のindex行のセルに商品名を代入。
⑩B列のindex行のセルの整列に「align」変数をセット。
⑪B列のindex行のセルの枠線に「border」変数をセット。
⑫C列のindex行のセルを「cell」変数に代入。
⑬C列のindex行のセルに価格を代入。
⑭C列のindex行のセルの整列に「align」変数をセット。
⑮C列のindex行のセルの枠線に「border」変数をセット。
⑯商品のサンプル名を「items」リストに代入。
⑰ワークシートの最後の行の次の行番号を「max」変数に代入。
⑱itemsリストの最後のインデックス番号を「last」変数に代入。
⑲「for」文で"0～10"未満までループ。
⑳「"0～last"までのランダムな整数」のitemsリストの要素を「item」変数に代入。
㉑"110～1100"までのランダムな整数の価格を「price」変数に代入。
㉒「excel」関数(③)を呼び出して1行追加。
㉓ワークブックを「Expenses04Sample.xlsx」ファイルに保存。

■この章のまとめ

この章では、今日の日付でランダムな「商品名」と「価格」を家計簿に10行ずつ追加して、自動で表を作りました。

「GUI」の構築と表示

この章では、GUIの構築と表示をする「Tkinter」について解説します。

6-1 「ウィンドウ表示」と「ツリービュー」

まず、「ウィンドウ」を表示して、次に「ツリービュー」を表示します。

■「Tkinter」について

この章では「Excel」は出てこないので、「openpyxl」モジュールはいったんお休みです。

なので、他の章のように「xlsx」ファイルを「Excel」で表示することはありません。

この章では、「Tkinter」モジュールを使って、「ウィンドウ」や「ボタン」などのGUIを構築して表示します。

「Tkinter」はPythonの「標準モジュール」です。

「標準モジュール」とは、「pip」で機能追加しなくても、最初からPython本体と一緒にインストールされるモジュールのことです。

「Tkinter」は「Tcl/Tk」をベースにしています。

「Tcl」(ティクル)は、「Tool Command language」の頭文字を取った略名で、たいへんシンプルな仕組みのスクリプト言語です。

「Tk」は「Tool Kit」の頭文字をとった略名で、TclでGUI開発するためのツールキットです。

「Tkinter」モジュールで、「ウィンドウ」「ツリービュー」「メッセージボックス」

「チェックボタン」「ラジオボタン」「キャンバス」「リストボックス」「メニュー」「ダイアログ」「ボタン」「エントリー」「コンボボックス」のGUIの作り方を解説します。

この節で新たに出てくる機能は、次のようになります。

tkinterモジュール	GUIを配置し表示するモジュール
Tkクラス	Tkinterのルートウィンドウのクラス
titleプロパティ	Tkinterウィンドウのタイトル
mainloopメソッド	TkinterのGUIを表示するメインループ

■「ウィンドウ」のサンプルコード

このサンプルは「06tkinter」→「main01.py」にあります。

「tkinter」モジュールの「Tk」クラスのインスタンスを生成してウィンドウを作り、その「mainloop」メソッドを実行してGUIを表示します。

この節以降、このサンプルが「Tkinter」を使ったGUIアプリのテンプレートになります。
ただしタイトル名はアプリによって異なることがあります。

このサンプルを実行すると、図のようにウィンドウだけが表示されます。
これが、もっともシンプルな「Tkinter」のGUIです。

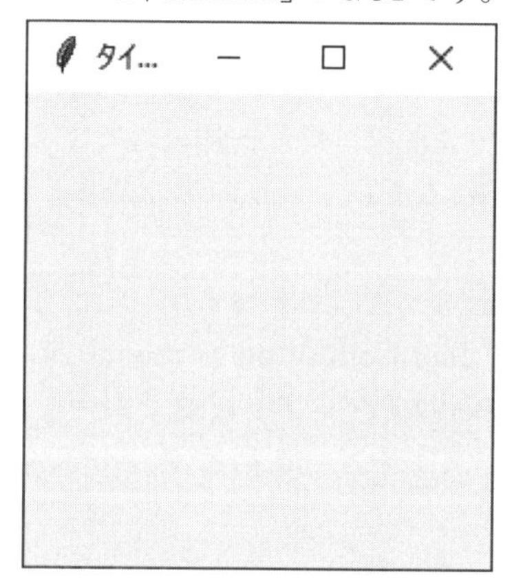

図6-1 ウィンドウの表示

リスト6-1　main01.py

```
import tkinter as tk #①

root = tk.Tk() #②
root.title(u"タイトル") #③

root.mainloop() #④
```

【コードの解説】

①「tkinter」モジュールを「tk」としてインポート。
②ルートウィンドウの作成。
③タイトルを「タイトル」と名付ける。
④メインループでGUI表示。

■「ツリービュー」のサンプルコード

この節で解説するツリービューは、2022年1月に発刊された「初心者のためのPython活用術」でも筆者が解説しているので、本書では最低限の解説にとどめます。

「スクロールバー」はデフォルトでは表示されません。
「tkinter.ttk」モジュールの「Scrollbar」クラスのインスタンスを使います。

「初心者のためのPython活用術」では、データベースを使って「ツリービュー・アイテム」を挿入しましたが、今回はランダムに「ツリービュー・アイテム」を挿入するだけです。

「ツリービュー・アイテム」を「ソート」(並び替え)するには、リストの「sort」メソッドを使います。
「昇順」「降順」「数値でソート」「文字列でソート」などができます。

●main02.py

このサンプルは「06tkinter」→「main02.py」にあります。

このサンプルを実行すると、図のように「空(カラ)のツリービュー」だけを表示します。

図6-2 空のツリービューの表示

●main03.py

このサンプルは「06tkinter」→「main03.py」にあります。

このサンプルを実行すると、図のようにツリービューの「ヘッダー」を表示します。

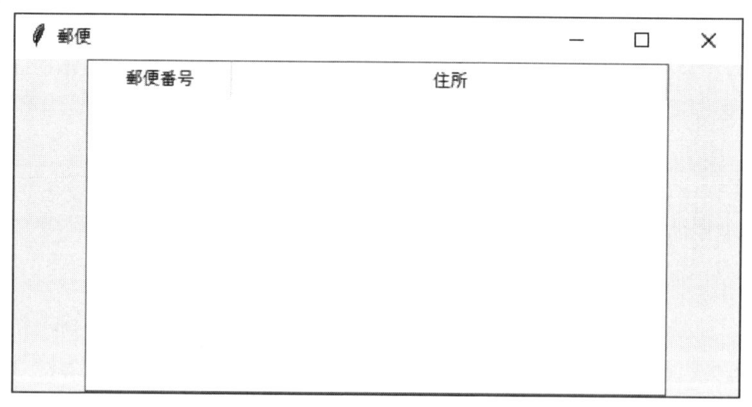

図6-3 「ツリービュー」のヘッダーの表示

●main04.py

このサンプルは「06tkinter」→「main04.py」にあります。

このサンプルを実行すると、図のようにツリービューの「スクロールバー」を表示します。

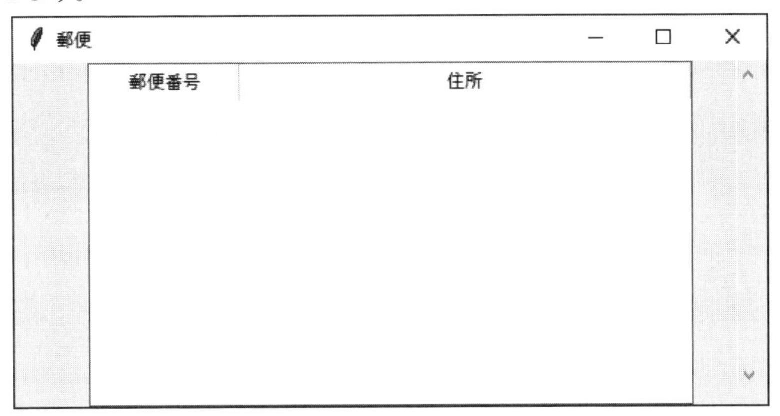

図6-4 ツリービューの「スクロールバー」の表示

●main05.py

このサンプルは「06tkinter」→「main05.py」にあります。

このサンプルを実行すると、図のように「ツリービュー・アイテム」に20行の適当な郵便番号と住所を表示します。

郵便

郵便番号	住所
177-3610	○○県
185-2972	○○県
849-8769	○○県
453-2323	○○県
390-1100	○○県
230-1177	○○県
292-9655	○○県
607-3481	○○県
184-7761	○○県
976-7291	○○県

図6-5 「ツリービュー・アイテム」の挿入

●main06.py

このサンプルは「06tkinter」→「main06.py」にあります。

このサンプルを実行すると、ヘッダーをクリックすることで「ツリービュー・アイテム」をソートします。

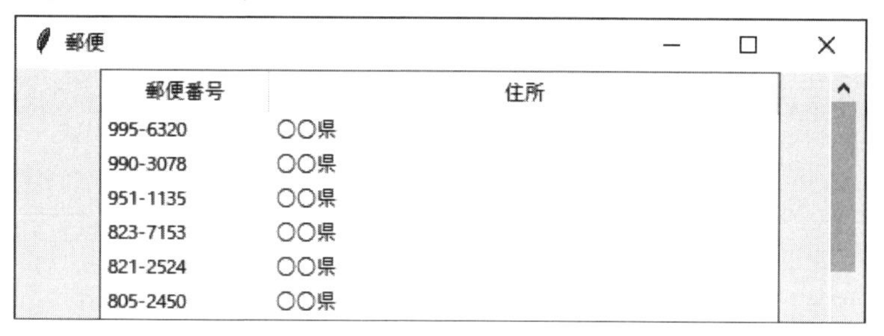

図6-6 「ツリービュー・アイテム」のソート

6-2 「クラス」と「モジュール化」

この節では、「クラス」と「モジュール」について解説します。

■「クラス」と「モジュール」

この節では「ttk.Treeview」クラスをラップした「TreeView」クラスを含む「treeview」モジュールを作成します。

この節で新たに出てくる機能は、次のようになります。

「tkinter.ttk」モジュール	「Tkinter」のGUIモジュール
「Treeview」クラス	「Tkinter」のツリービュークラス。大文字と小文字に注意
「Scrollbar」クラス	スクロールバーのクラス
「configure」メソッド	「Scrollbar」クラスの構成をセット
「place」メソッド	GUIの位置をセット
「column」メソッド	ツリービューの列をセット
「heading」メソッド	ツリービューのヘッダーをセット
「pack」メソッド	GUIを配置
「set」メソッド	ツリービューのアイテムを代入
「sort」メソッド	リストを名前順などで並び替え
「move」メソッド	ツリービューのアイテムを移動
「insert」メソッド	ツリービューにアイテムを追加

■「オリジナルのモジュール」を呼び出すサンプルコード

このサンプルは「06tkinter」→「main07.py」にあります。
後の「06tkinter」→「treeview.py」モジュールも、コードを書かないと実行できません。

前節で作ったツリービューの機能を「クラス」にまとめて「モジュール」の「py」ファイルに分けます。
後でコーディングする「06tkinter」→「treeview.py」が、「モジュール」です。

「モジュール」とは通常の「py」ファイルそのものですが、他の「py」ファイルからモジュールの機能を呼び出せるようにしたものです。

*

「クラス」とは、オブジェクト指向では「自動車の設計図」のようなもので、設計図だけでは何もできませんが設計図通りに作った自動車が「インスタンス」(実体)になります。

作った「インスタンス」を使って、設計図通りに自動車を前進させる「メソッド」(クラスに属する関数)や、スピードの「プロパティ」(クラスに属する変数)があります。

リスト6-2 main07.py

```
import tkinter as tk
from treeview import TreeView #①

root = tk.Tk()
root.title(u"ツリービュー")

tv = TreeView(root) #②

root.mainloop()
```

【コードの解説】

①後で書く「treeview」モジュールのTreeViewクラスをインポート。
②「TreeView」クラスのインスタンスを生成して、「tv」変数に代入。

■「ツリービュー・モジュール」のサンプルコード

このサンプルは「06tkinter」→「treeview.py」にあります。

この「py」ファイルはモジュール専用なので、実行するには、まず「06tkinter」→「main07.py」を実行してください。

クラスのインスタンスを生成するときは、「__init__」メソッドが呼ばれます。
クラスのインスタンスはここで初期化コードを好きなように書きます。

「ソート」(並び替え)する場合、普通は「文字列」でソートしますが、「数値」でソートしたほうがいい場合があります。
「sort_tv」メソッドでは、「数値」と「文字列」でのソートを選べます。

図のように、このサンプルを実行しても、見た目は前節の「06tkinter」→「main06.py」とまったく同じです。
なぜなら、「クラス」に書き換えただけで、内容は同じだからです。

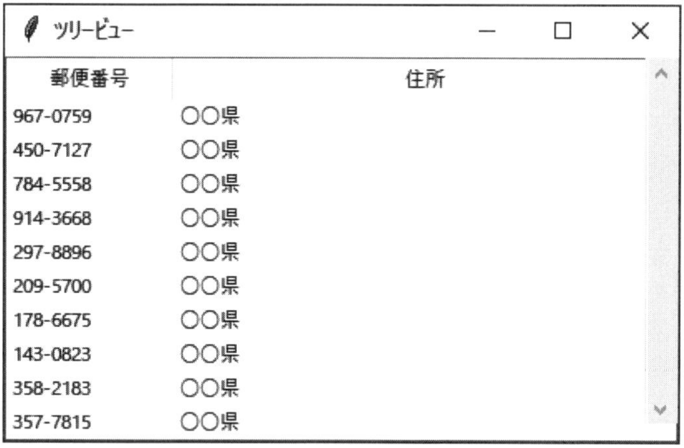

ツリービュー

郵便番号	住所
967-0759	○○県
450-7127	○○県
784-5558	○○県
914-3668	○○県
297-8896	○○県
209-5700	○○県
178-6675	○○県
143-0823	○○県
358-2183	○○県
357-7815	○○県

図6-7 「ヘッダー」と「ソート」付きツリービュー

リスト6-3　treeview.py

```
import tkinter as tk
import tkinter.ttk as ttk #①
import random #②

class TreeView(): #③
  reverse = True #④
  def __init__(self,root): #⑤
    tree = ttk.Treeview(root) #⑥
    self.tree = tree #⑦
    scroll_y = ttk.Scrollbar(
      root,orient=tk.VERTICAL,command=tree.yview) #⑧
    tree.configure(yscroll=scroll_y.set) #⑨
    scroll_y.place(relheight=0.95,relwidth=0.05,
      relx=0.95,rely=0.0) #⑩
    tree["columns"] = (1,2) #⑪
    tree["show"] = "headings" #⑫
    tree.column(1,width=100) #⑬
    tree.column(2,width=300) #⑭
    tree.heading(1,text="郵便番号",
      command=lambda:self.sort_tv(1,False)) #⑮
    tree.heading(2,text="住所",
      command=lambda:self.sort_tv(2,False)) #1⑯
    self.select() #⑰
    tree.pack() #⑱

  def sort_tv(self,col,number): #⑲
    l = [(self.tree.set(
      k,col), k) for k in self.tree.get_children("")] #⑳
    if number: #㉑
      l.sort(
        key=lambda t: int(t[0]),reverse=self.reverse) #㉒
    else: #㉓
      l.sort(reverse=self.reverse) #㉔
    for index, (val, k) in enumerate(l): #㉕
      self.tree.move(k, "", index) #㉖
    self.reverse = not bool(self.reverse) #㉗

  def select(self): #㉘
    for i in range(10): #㉙
      post = str(random.randint(1000000,9999999)) #㉚
      post = post[:3] + '-' + post[3:] #㉛
      self.tree.insert(
        "","end",values=(post,"○○県")) #㉜
```

【コードの解説】

①「tkinter.ttk」モジュールを「ttk」としてインポート。
②乱数の「random」モジュールのインポート。
③TreeViewクラスの宣言。
④ソート(並び替え)する際の降順か昇順を代入。
⑤このTreeViewクラスの初期化メソッド。
⑥ttk.Treeviewクラスのインスタンスを生成し「tree」変数に代入。
⑦「self.tree」プロパティにtree変数を代入。
⑧スクロールバーのインスタンスを生成して「scroll_y」変数に代入。
⑨スクロールバーを縦方向(y方向)に構成。
⑩スクロールバーのサイズをセットして配置。
⑪カラム(列)を「1」と「2」の2つでセット。
⑫ヘッダーの表示をセット。
⑬第1カラムを100の幅でセット。
⑭第2カラムを300の幅でセット。
⑮第1カラムのヘッダー名を「郵便番号」で、ソートもできるようにセット。
⑯第2カラムのヘッダー名を「住所」で、ソートもできるようにセット。
⑰「ツリービュー・アイテム」を挿入する「select」メソッドを呼び出し。
⑱ツリービューのtree変数を配置。
⑲ソートする「sort_tv」メソッド。
⑳「ツリービュー・アイテム」を全てリストに代入。
㉑ソートする方法が数値であるか調べる。
㉒もし㉑が成り立つ場合、数値でソート。
㉓もし㉑が成り立たない場合。つまり数値でなく文字列でソートする場合。
㉔「ツリービュー・アイテム」を文字列でソート。
㉕for文のenumerateでリストのインデックスと要素をループ。
㉖「ツリービュー・アイテム」をソートした順に移動。
㉗ソートの並び替え順を昇順⇔降順に変更。
㉘「ツリービュー・アイテム」を挿入する「select」メソッド。
㉙0〜10未満までforループ。
㉚1000000〜9999999までのランダムな値を郵便番号として「post」変数に代入。
㉛郵便番号に「-」を挿入。
㉜「ツリービュー・アイテム」に郵便番号と「○○県」文字列を挿入。

6-3 「メッセージボックス」の作成

この節では、最初から用意されたダイアログである「メッセージボックス」を作ります。

■メッセージボックス

「メッセージボックス」は、「インフォメーション」や「警告」や「エラー」を知らせたり、承諾か拒否か、あるいはキャンセルするかを選択します。

「メッセージボックス」には、7つのタイプがあります。 この節で新たに出てくる機能は、次の表のようになります。

「messegebox」オブジェクト	メッセージボックスを表示する機能
「askquestion」関数	「はい」「いいえ」で答えるメッセージボックス
「Button」クラス	ボタンのGUIを作成するクラス

■メッセージボックスのサンプルコード

このサンプルは「06tkinter」→「messagebox.py」にあります。

このサンプルを実行すると、図のようにウィンドウの「ダイアログ」ボタンを押せばメッセージボックスが出現します。

「はい」を押せばターミナルに「yes」が、「いいえ」を押せば「no」が表示されます。

メッセージボックスはこれ以外のウィンドウやダイアログをクリックできなくなる「モーダルダイアログ」です。

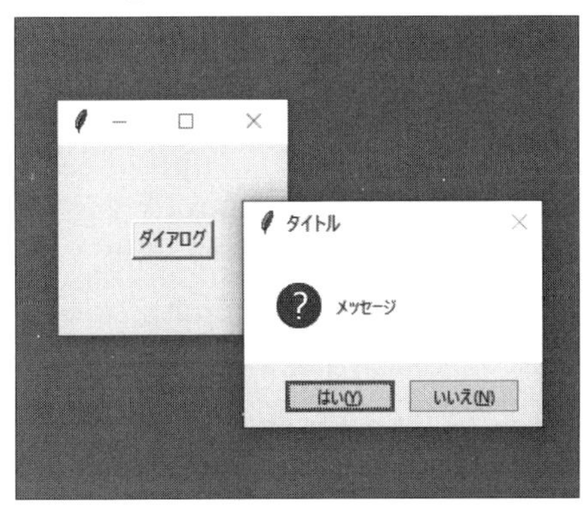

図6-8　メッセージボックス

メッセージボックスには次の表のようなものがあります。

●7種類のメッセージボックス

showinfo	「info」アイコンの出る「OK」ボタンだけのメッセージボックス
showwarning	「警告」アイコンの出る「OK」ボタンだけのメッセージボックス
showerror	「エラー」アイコンの出る「OK」ボタンだけのメッセージボックス
askquestion	「?」アイコンの出る「はい」「いいえ」ボタンのメッセージボックス
askokcancel	「?」アイコンの出る「OK」「キャンセル」ボタンのメッセージボックス
askyesno	「?」アイコンの出る「はい」「いいえ」ボタンのメッセージボックス
askretrycansel	「警告」アイコンの出る「再試行」「キャンセル」ボタンのメッセージボックス

リスト6-4　messagebox.py

```
import tkinter as tk
from tkinter import messagebox #①

def dlg(): #②
  mb1=messagebox.askquestion("タイトル","メッセージ") #③
  print(mb1) #④

root = tk.Tk()
root.title(u"タイトル")

btn1 = tk.Button(root,text='ダイアログ',command=dlg) #⑤
btn1.pack(fill='x',padx=50,pady=50) #⑥

root.mainloop()
```

【コードの解説】

①「tkinter」モジュールから「messagebox」をインポート。
②「メッセージボックス」を表示する「dlg」関数。
③「はい」「いいえ」で答える「メッセージボックス」を表示。
④「メッセージボックス」の戻り値をターミナルに表示。
⑤ウィンドウに「ダイアログ」と書いたボタンのインスタンスを生成し「btn1」変数に代入。
⑥「btn1」変数を配置。

Column 「Tkinter」以外のGUIのパッケージ

Pythonには無数にパッケージがあり、「Tkinter」のようにGUIを構築するパッケージも、いくつか存在します。

有名なところでは「Kivy」「wxPython」「PyQt」パッケージなどがあります。

・「Kivy」パッケージ

「OpenGL」や「OpenGL ES」で動作するので、3D描画にも対応しています。

オープンライセンスで使えますが、日本語の情報が若干少ないです。

独自GUIの「kv」ファイルを「kivy言語」で記述するため、学習コストがかかります。

・「wxPython」パッケージ

クロスプラットフォームで動作するC++ライブラリ「wxWidgets」をPythonでラップしたパッケージです。商用利用もできて安定もしています。

・「PyQt」パッケージ

クロスプラットフォームで動作するC++ライブラリ「Qt」(キュート)をPythonでラップしたパッケージです。

もっともエレガントな外観ですが、商用利用にはライセンス料が必要なので、初心者にはお勧めできません。

6-4 「チェックボタン」の作成

☑をクリックしたら□に、□をクリックしたら☑に切り替わるチェックボタンを作ります。

■チェックボタン

チェックボタンがチェックされたら、値は「True」になり、チェックされなければ「False」になります。この節で新たに出てくる機能は、次のようになります。

「Checkbutton」クラス	チェックボタンを作成するクラス
「get」メソッド	チェックボタンがチェックされているかを「Boolean型」(TrueかFalse)で取得
「BooleanVar」クラス	tkinter用のBoolean型を保持する、変数の役割に似たクラス
「set」メソッド	チェックボタンが押されているかをセット

■「チェックボタン」のサンプルコード

このサンプルは「06tkinter」→「checkbutton01.py」にあります。

「チェックボタン」とはチェックボタンをクリックするたびに「□⇔☑」を切り替えるボタンのことです。

☑がチェックされていて、□がチェックされていません。

「Checkbutton」クラスでインスタンスを作れば、「チェックボタン」を実装することができます。

インスタンスを生成しただけでは配置できないので、「pack」メソッドや「grid」メソッドや「place」メソッドで配置します。

この時点では、まだ「チェックボタンがチェックされているか」は取得していません。

次の図のように見た目だけチェックしたりしなかったりします。

タイ… − □ ×

□ Checkbutton

図6-9 チェックボタン

リスト6-5 checkbutton01.py

```
import tkinter as tk

root = tk.Tk()
root.title(u"タイトル")

cb1 = tk.Checkbutton(root,text='Checkbutton') #①
cb1.pack(fill='x',padx=50,pady=50) #②

root.mainloop()
```

【コードの解説】

①「Checkbutton」と書かれたチェックボタンを生成して「cb1」変数に代入。
②チェックボタンの配置。

■「チェックボタンの値」を取得するサンプルコード

このサンプルは「06tkinter」→「checkbutton02.py」にあります。

「Checkbutton」クラスで、インスタンスの状態を設定します。

「variable」引数に「bv1」変数をセットし、「command」引数にチェックボタンが押されたら「change」関数を呼ぶようにします。

「BooleanVar」クラスは、「値の変化」をセット、取得します。

「=」で代入や取得をするのではなく、「set」メソッドでセットし、「get」メソッドで取得します。

図のように、チェックボタンのコマンドで関数を呼び出して、その関数内で「variable」引数の値を取得します。

ここでは、コマンドで「change」関数を呼び出します。

図6-10 「チェックボタン」のチェックの取得

リスト6-6 checkbutton02.py

```
import tkinter as tk

def change(): #①
  if bv1.get(): #②
    print('チェックされている') #③
  else: #④
    print('チェックされていない') #⑤

root = tk.Tk()
root.title(u"タイトル")

bv1 = tk.BooleanVar() #⑥
bv1.set(True) #⑦

cb1 = tk.Checkbutton(root,text='Checkbutton',
  variable=bv1,command=change) #⑧
cb1.pack(fill='x',padx=50,pady=50)

root.mainloop()
```

【コードの解説】

①「チェックボタン」のチェックが変化したら呼ばれる「change」関数。
②「チェックボタン」がチェックさているか調べる。
③もし②が成り立つ場合、ターミナルに「チェックされている」を表示。
④もし②が成り立たない場合。
⑤ターミナルに「チェックされていない」を表示。
⑥「Boolean」型の値をセット・取得するBooleanVarクラスのインスタンスを生成し「bv1」変数に代入。
⑦「bv1」変数に「True」をセット。
⑧「Checkbutton」クラスの「variable」引数に「bv1」変数と、コマンド引数に「change」関数をセットして、インスタンスを生成し「cb1」変数に代入。

6-5 「ラジオボタン」の作成

この節では、複数の選択肢から1つのアイテムを選ぶ「ラジオボタン」を作ります。

■ラジオボタン

「ラジオボタン」の名前は、無線ラジオで前もってセットした周波数に合わせてくれる「選局ボタン」から来ています。この節で新たに出てくる機能は、次の表のようになります。

IntVar クラス	tkinter用のInt型(整数)を保持する、変数の役割に似たクラス
Radiobutton クラス	ラジオボタンを作成するクラス
get メソッド	ラジオボタンの押されているvalue引数の番号を取得

■「ラジオボタン」のサンプルコード

このサンプルは「06tkinter」→「radiobutton01.py」にあります。

「IntVar」クラスは「値の変化」をセットして、取得します。

「=」で代入、取得するのではなく、「set」メソッドでセットし、「get」メソッドで取得します。

普通、「ラジオボタン」は、複数個作ります。

引数「value」の値と引数「variable」の変数の値が同じなら、ラジオボタンに⊙が付き、異なれば○が付きます。

次の図のようにクリックすれば見た目だけ⊙が付きますが、まだこのサンプルではどれが選択されたかを取得することはできません。

後のサンプルで最終的に「value」引数の値を取得します。

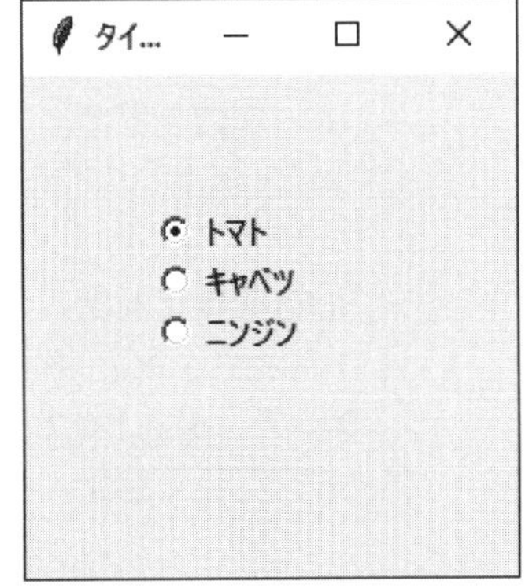

図6-11 ラジオボタン

リスト6-7 radiobutton01.py

```
import tkinter as tk

root = tk.Tk()
root.title(u"タイトル")

iv1 = tk.IntVar() #①
iv1.set(0) #②

rb1 = tk.Radiobutton(
  root,text='トマト',value=0, variable=iv1) #③
rb1.place(x=50, y=50) #④
rb2 = tk.Radiobutton(
  root,text='キャベツ',value=1, variable=iv1) #⑤
rb2.place(x=50, y=70) #⑥
rb3 = tk.Radiobutton(
  root,text='ニンジン',value=2, variable=iv1) #⑦
rb3.place(x=50, y=90) #⑧

root.mainloop()
```

【コードの解説】

①「Int」型の値を保持する「IntVar」クラスのインスタンスを生成し「iv1」変数に代入。
②「iv1」変数に"0番"(ここでは「トマト」)をセット。
③ラジオボタンの「Radiobutton」クラスのインスタンスを「トマト」と書いて、値を"0"で生成し「rb1」変数に代入。
④「rb1」変数を配置。
⑤ラジオボタンの「Radiobutton」クラスのインスタンスを「キャベツ」と書いて、値を"1"で生成し「rb2」変数に代入。
⑥「rb2」変数を配置。
⑦ラジオボタンの「Radiobutton」クラスのインスタンスを「ニンジン」と書いて、値を"2"で生成し「rb3」変数に代入。
⑧「rb3」変数を配置。

■「ラジオボタンの値」の取得のサンプルコード

このサンプルは「06tkinter」→「radiobutton02.py」にあります。

「Radiobutton」クラスのインスタンスを生成するとき「command」引数に関数を指定すれば、そのラジオボタンが押されたときに呼び出す関数を指定できます。

初心者は「changeTomato」関数、「changeKyabetsu」関数、「changeNinjin」関数などと分けるかもしれません。

それより「change」関数でラジオボタンをまとめて同じ関数を呼ぶことで1つの関数に簡略化できます。

次の図のように「ラジオボタン」の「variable」引数にセットした「IntVar」クラスのインスタンスを使うことで、ラジオボタンの「value」の値を取得できます。

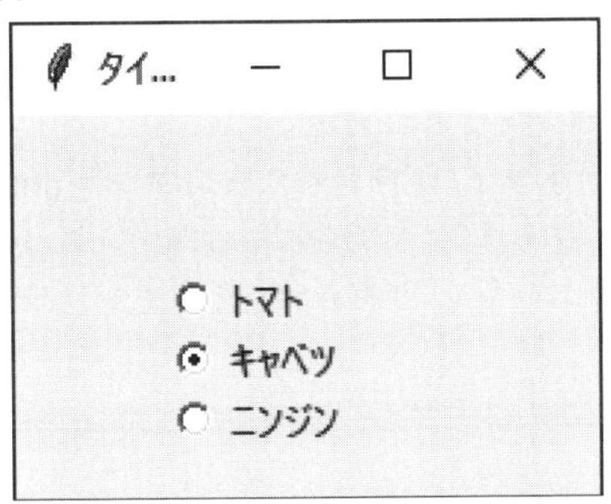

図6-12　選択したラジオボタンの取得

リスト6-8　radiobutton02.py

```
import tkinter as tk

def change(): #①
  index = iv1.get() #②
  print(index) #③

root = tk.Tk()
root.title(u"タイトル")
```

```
iv1 = tk.IntVar()
iv1.set(0)

rb1 = tk.Radiobutton(root,text='トマト',
  value=0,variable=iv1,command=change) #④
rb1.place(x=50, y=50)
rb2 = tk.Radiobutton(root,text='キャベツ',
  value=1,variable=iv1,command=change) #⑤
rb2.place(x=50, y=70)
rb3 = tk.Radiobutton(root,text='ニンジン',
  value=2,variable=iv1,command=change) #⑥
rb3.place(x=50, y=90)

root.mainloop()
```

【コードの解説】

①ラジオボタンが押されたら呼ばれるchange関数。
②「iv1」変数の値を「index」変数に代入。
③index番号をターミナルに表示。
④ラジオボタン「トマト」が押されたらコマンドchange関数を呼び出す。
⑤ラジオボタン「キャベツ」が押されたらコマンドchange関数を呼び出す。
⑥ラジオボタン「ニンジン」が押されたらコマンドchange関数を呼び出す。

6-6 「キャンバス」の作成

この節では、「矩形」などのさまざまな図形が描ける「キャンバス」を作成します。

■キャンバス

「キャンバス」(canvas)は、油絵の色を塗って描く画布が名前の由来です。

手描きと違って「線」「円」「矩形」「文字」を正確な形で描くことができます。この節で新たに出てくる機能は、次のようになります。

「Canvas」クラス	図形を描けるキャンバスを作成するクラス
xプロパティ	マウスカーソルの横の位置
yプロパティ	マウスカーソルの縦の位置
「create_oval」メソッド	キャンバスに円を描く
「Label」クラス	文字を表示するラベルを作成するクラス
「bind」メソッド	GUIでマウスやキーの入力などのイベントがあった場合に呼ばれる関数をセット

■「キャンバス」のサンプルコード

このサンプルは「06tkinter」→「canvas01.py」にあります。

「キャンバス」は、「線」や「矩形」「円」などの図形が描けるGUIです。

工夫次第で「ポリゴン」(多角形)を描いてフラットシェーディングの3DCGっぽい絵も描けます。

キャンバスは「Canvas」クラスのインスタンスを生成して、他のGUI同様「pack」メソッドなどでウィンドウに配置できます。

「Canvas」クラスの「width」引数で幅を、「height」引数で高さを、「bg」引数で背景色をセットできます。

まだ、図のようにグレーの背景色で塗り潰しただけです。

図6-13 キャンバス

リスト6-9 canvas01.py

```
import tkinter as tk

root = tk.Tk()
root.title(u"キャンバス")

canvas=tk.Canvas(root,width=800,height=600,bg="#999") #①
canvas.pack() #②

root.mainloop()
```

【コードの解説】

①「Canvas」クラスのインスタンスを生成して「canvas」変数に代入。
②「キャンバス」をウィンドウに配置。

■キャンバスに「丸」を描くサンプルコード

このサンプルは「06tkinter」→「canvas02.py」にあります。

キャンバスの「bind」メソッドで「<Button-1>」つまり左クリックされたら、「mouse1Down」関数を呼び出すようにセットします。

キャンバスの「create_oval」メソッドで円を描きます。
第1引数から「左」「上」「右」「下」の円の大きさを指定し、「fill」引数で円の塗り潰し色をセットします。

図のように「Label」クラスのインスタンスを生成して、文字を表示するだけのラベルを作ります。
他のGUIと同様に、「pack」メソッドなどでキャンバスに配置します。

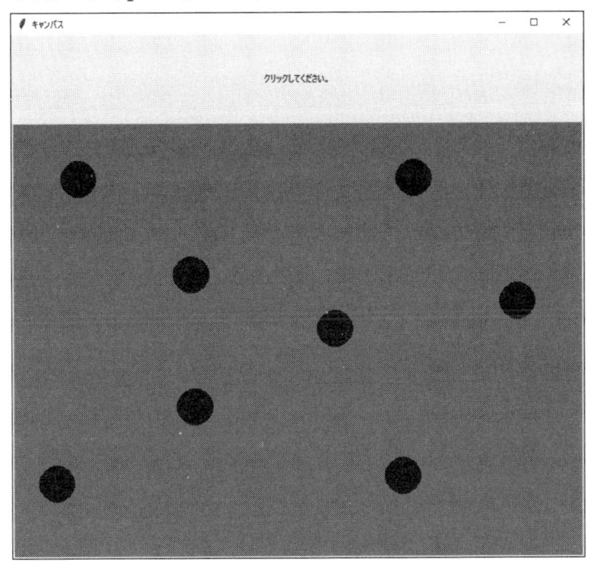

図6-14　キャンバスに丸を描く

リスト6-10　canvas02.py

```
import tkinter as tk

def mouse1Down(event): #①
  x = event.x #②
  y = event.y #③
  canvas.create_oval(x-25,y-25,x+25,y+25,fill='#000') #④

root = tk.Tk()
root.title(u"キャンバス")

label1 = tk.Label(root,text='クリックしてください。') #⑤
label1.pack(fill='x',padx=50,pady=50) #⑥

canvas=tk.Canvas(root,width=800,height=600,bg="#999")
canvas.pack()
canvas.bind("<Button-1>",mouse1Down) #⑦

root.mainloop()
```

【コードの解説】

①左クリックされた場合に呼ばれる「mouse1Down」関数。
②左クリックされたX座標を「x」変数に代入。
③左クリックされたY座標を「y」変数に代入。
④左クリック座標が中心になるように、(x-25,y-25)～(x+25,y+25)の大きさの黒い円を描く。
⑤文字を表示するだけのラベルを作成。
⑥ラベルを配置。
⑦「キャンバス」が左クリックされたら「mouse1Down」関数を呼び出す。

6-7 「リストボックス」の作成

この節では、0行以上の文字列のアイテムを一覧表示して選択できる「リストボックス」を作ります。

■リストボックス

「リストボックス」はヘッダーがなく、1列だけのツリービューのようなものです。

「リストボックス」と、「配列」を意味する「リスト」は別のものです。この節で新たに出てくる機能は次の表のようになります。

「Listbox」クラス	リストボックスを作成するクラス
「insert」メソッド	リストボックスに1行のアイテムを追加
「curselection」メソッド	リストボックスで選択したアイテムのリストを取得
「get」メソッド	リストボックスのアイテム名を取得

■「リストボックス」のサンプルコード

このサンプルは「06tkinter」→「listbox01.py」にあります。

「リストボックス」とは、文字列アイテムを1行ずつ表示して、クリックでいずれかの文字列アイテムを選択できるGUIのことです。

複数のアイテムを選択するには「selectmode」を「multiple」や「extended」にします。

リストボックスは「Listbox」クラスのインスタンスを生成して代入した変数の「insert」メソッドで、「第1引数」のインデックス番号に、「第2引数」のアイテム名の文字列を挿入できます。

まだ図のように文字列アイテムを選択できるだけで、どの文字列アイテムが選択されたかは取得できませんが、後のサンプルで選択アイテムを取得します。

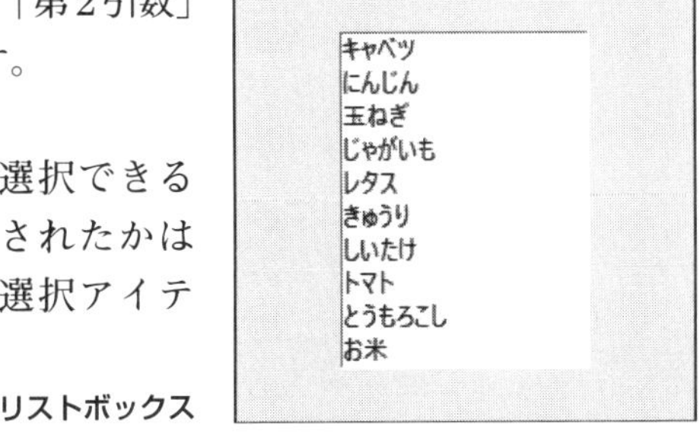

図6-15　リストボックス

リスト6-11　listbox01.py

```
import tkinter as tk

root = tk.Tk()
root.title(u"タイトル")

lb1 = tk.Listbox(root) #①
lb1.pack(fill='x',padx=50,pady=50) #②

lb1.insert(0,"キャベツ") #③
lb1.insert(1,"にんじん") #④
lb1.insert(2,"玉ねぎ") #⑤
lb1.insert(3,"じゃがいも") #⑥
lb1.insert(4,"レタス") #⑦
lb1.insert(5,"きゅうり") #⑧
lb1.insert(6,"しいたけ") #⑨
lb1.insert(7,"トマト") #⑩
lb1.insert(8,"とうもろこし") #⑪
lb1.insert(9,"お米") #⑫

root.mainloop()
```

【コードの解説】

①Listboxクラスのインスタンスを生成して、「lb1」変数に代入。
②リストボックスを配置。
③リストボックスの0インデックスに「キャベツ」アイテムを挿入。
④リストボックスの1インデックスに「にんじん」アイテムを挿入。
⑤リストボックスの2インデックスに「玉ねぎ」アイテムを挿入。
⑥リストボックスの3インデックスに「じゃがいも」アイテムを挿入。
⑦リストボックスの4インデックスに「レタス」アイテムを挿入。
⑧リストボックスの5インデックスに「きゅうり」アイテムを挿入。
⑨リストボックスの6インデックスに「しいたけ」アイテムを挿入。
⑩リストボックスの7インデックスに「トマト」アイテムを挿入。
⑪リストボックスの8インデックスに「とうもろこし」アイテムを挿入。
⑫リストボックスの9インデックスに「お米」アイテムを挿入。

■「リストボックスの選択したアイテム取得」のサンプルコード

このサンプルは「06tkinter」→「listbox02.py」にあります。

リストボックスの「bind」メソッドで「<ListboxSelect>」つまりアイテムが選択されたら、「selected」関数を呼び出すようにセットします。

リストボックスの「curselection」メソッドで選択中のアイテムのリストを返します。このサンプルでは選択した最初(0番目)のインデックスのアイテムのみ取得します。

図のように、リストボックスの「curselection」メソッドはインデックス番号のみ取得し、リストボックスのgetメソッドでアイテムの文字列を取得します。

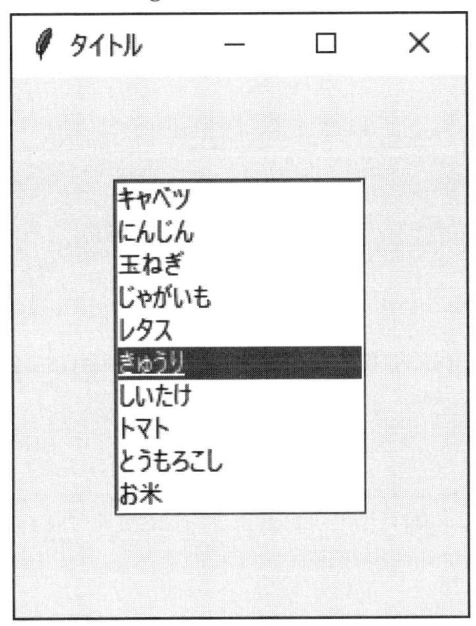

図6-16 リストボックスから選択アイテムを取得

リスト6-12 listbox02.py

```
import tkinter as tk

def selected(event): #①
  index = lb1.curselection()[0] #②
  text = lb1.get(index) #③
  print(str(index)+'番,'+text) #④

root = tk.Tk()
root.title(u"タイトル")

lb1 = tk.Listbox(root)
lb1.pack(fill='x',padx=50,pady=50)
lb1.bind('<<ListboxSelect>>',selected) #⑤

lb1.insert(0,"キャベツ")
lb1.insert(1,"にんじん")
lb1.insert(2,"玉ねぎ")
lb1.insert(3,"じゃがいも")
lb1.insert(4,"レタス")
lb1.insert(5,"きゅうり")
lb1.insert(6,"しいたけ")
lb1.insert(7,"トマト")
lb1.insert(8,"とうもろこし")
lb1.insert(9,"お米")

root.mainloop()
```

【コードの解説】

①リストボックスのアイテムが選択されたときに呼ばれる「selected」関数。
②リストボックスの現在選択されているインデックスを取得して「index」変数に代入。
③リストボックスのindex番の文字列を取得。
④ターミナルにインデックスと文字列を表示。
⑤リストボックスが選択されたら「selected」関数を呼び出すようにセット。

6-8 「メニュー」の作成

この節では、通常のデスクトップアプリ同様の「メニュー」を作ります。

■メニュー

「メニュー」は、文字で操作項目が書かれたGUIで、マウスでクリックしてコマンドを実行できます。

「メニュー」の中に、「サブメニュー」があることもあります。 この節で新たに出てくる機能は次の表のようになります。

「sys」モジュール	インタプリタで使用する変数や関数のモジュール
「Menu」クラス	メニューを作成するクラス
「configure」メソッド	ルートウィンドウの構成をセット
「add_command」メソッド	コマンドメニューの追加
「add_cascade」メソッド	親メニュー項目の追加
「tkinter.filedialog」モジュール	ファイルダイアログのモジュール
「askopenfilename」関数	ファイルを開くダイアログを表示
「add_separator」メソッド	メニューをセパレータで区分けする
「asksaveasfilename」関数	ファイルを名前を付けて保存するダイアログを表示

■「メニュー」のサンプルコード

このサンプルは「06tkinter」→「menu01.py」にあります。

「メニュー」クラスを追加したら「Windows」の場合、ウィンドウのタイトルバーの下にメニューバーが表示されます。

「macOS」の場合は、画面最上部にメニューバーが表示されます。

メニューの「add_cascade」メソッドで「親メニュー」を追加し、「add_command」メソッドで子メニューのコマンドを追加できます。

「親メニュー」と「子メニュー」は、どちらもMenuクラスのインスタンスですが、別のインスタンスに分けて作らなければなりません。

このサンプルを実行したら次の図のようにメニューが表示されます。

この時点では、まだアプリを終了するしかコマンドはありません。

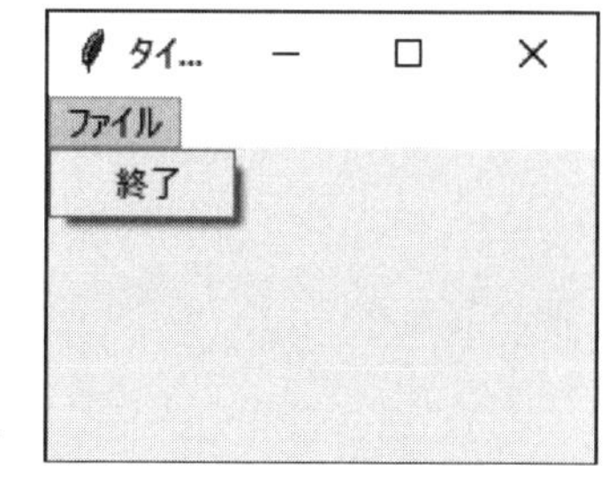

図6-17　メニュー

リスト6-13enu01.py

```
import tkinter as tk
import sys #①

def set_menu(root): #②
  menu = tk.Menu(root) #③
  root.configure(menu=menu) #④
  m = tk.Menu(menu,tearoff=0) #⑤
  m.add_command(label='終了',under=0,command=sys.exit) #⑥
  menu.add_cascade(label='ファイル',under=0,menu=m) #⑦

if __name__ == '__main__': #⑧
  root = tk.Tk() #インデント
  root.title(u"タイトル") #インデント
  set_menu(root) #⑨
  root.mainloop() #インデント
```

【コードの解説】

①「sys」モジュールをインポート。
②メニューをセットする「set_menu」関数。
③メニューのインスタンスを生成して「menu」変数に代入。
④ルートウィンドウのメニューに「menu」変数をセット。
⑤「menu」変数の子にメニューのインスタンスを作成して「m」変数に代入。
⑥「終了」コマンドのメニューを追加。
⑦「ファイル」メニューを追加。
⑧この「menu01.py」がモジュールではなくメインのファイルであるか調べる。
⑨もし⑧が成り立つ場合、「set_menu」関数を呼び出す。

■「ファイルを開く」ダイアログのサンプルコード

このサンプルは「06tkinter」→「menu02.py」にあります。

やっと、ファイルメニューらしい「ファイルを開くダイアログ」のコマンドを作ります。

開けるファイルは「filetypes」引数で全ての拡張子を選択できるようにします。

この節では「ファイルを開く」を実行しても、ファイル名をターミナルに表示する以外、何も処理を行なっていません。

このサンプルを実行して、「ファイル」→「ファイルを開く」メニューをクリックしたら、図のように、ファイルを開くダイアログが表示されます。

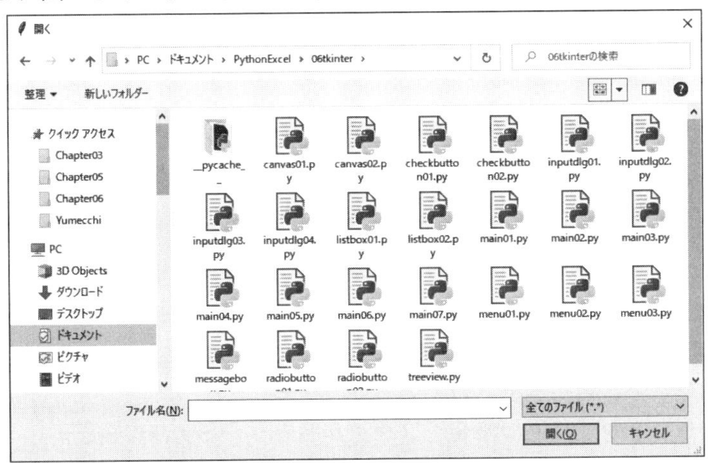

図6-18　ファイルを開くダイアログ

リスト6-14　u02.py

```
import tkinter as tk
import sys
from tkinter.filedialog import askopenfilename #①

FILE_TYPE = [("全てのファイル", "*.*")] #②

def file_open(): #③
```

```
  filename = askopenfilename(filetypes=FILE_TYPE) #④
  if filename: #⑤
    print(filename) #⑥

def set_menu(root):
  menu = tk.Menu(root)
  root.configure(menu=menu)
  m = tk.Menu(menu,tearoff=0)
  m.add_command(
    label='ファイルを開く',under=0,command=file_open) #⑦
  m.add_separator() #⑧
  m.add_command(label='終了',under=0,command=sys.exit)
  menu.add_cascade(label='ファイル',under=0,menu=m)

if __name__ == '__main__':
  root = tk.Tk()
  root.title(u"タイトル")
  set_menu(root)
  root.mainloop()
```

【コードの解説】

①「tkinter.filedialog」モジュールの「askopenfilename」関数をインポート。
②ファイルダイアログの拡張子を全ての拡張子にセット。
③ファイルを開く「file_open」関数。
④ファイルを開くダイアログを表示。
⑤ファイル名が選択されているか調べる。
⑥もし⑤が成り立つ場合、ファイル名をターミナルに表示。
⑦「ファイルを開く」メニューを追加。
⑧メニューを区切る「セパレータ」を追加。

■「名前を付けてファイルを保存する」ダイアログのサンプルコード

このサンプルは「06tkinter」→「menu03.py」にあります。

「ファイルを開く」ダイアログとは逆に「ファイルに保存」ダイアログのコマンドを作成します。

保存できるファイルは「filetypes」引数で全ての拡張子を選択できるようにします。

メニューコマンドの「ファイルを開く」ダイアログは、既存のファイルしか選択できませんが、「名前を付けてファイルを保存する」ダイアログは、既存のファイル名が存在しないファイル名でも選択できます。

このサンプルを実行して「ファイル」→「ファイルに保存」メニューをクリックしたら、次の図のように名前を付けて「ファイルを保存する」ダイアログが表示されます。

「ファイルに保存」を実行しても、ファイル名をターミナルに表示する以外、何も処理を行なっていません。

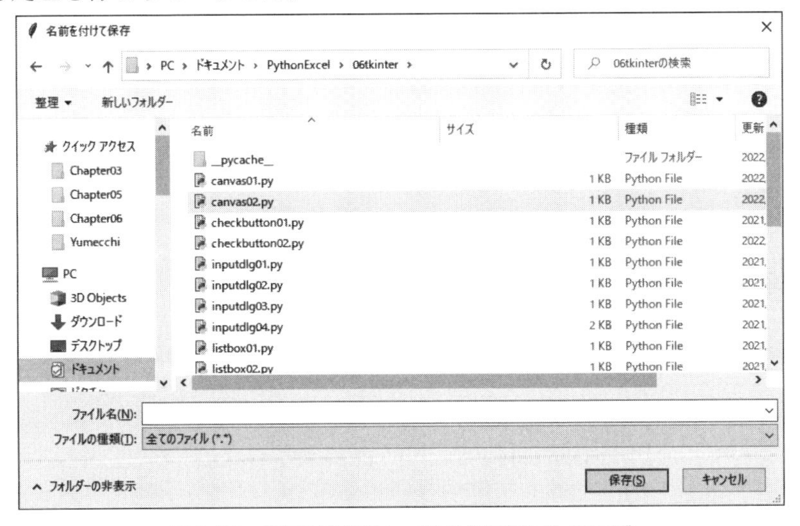

図6-19　名前を付けてファイルを保存するダイアログ

リスト6-15enu03.py

```
import tkinter as tk
import sys
from tkinter.filedialog import askopenfilename
from tkinter.filedialog import asksaveasfilename #①

FILE_TYPE = [("全てのファイル", "*.*")]

def file_open():
  filename = askopenfilename(filetypes=FILE_TYPE)
  if filename:
    print(filename)

def file_save(): #②
  filename = asksaveasfilename(filetypes=FILE_TYPE) #③
  if filename: #④
    print(filename) #⑤

def set_menu(root):
  menu = tk.Menu(root)
  root.configure(menu=menu)
  m = tk.Menu(menu,tearoff=0)
  m.add_command(
    label='ファイルを開く',under=0,command=file_open)
  m.add_command(
    label='ファイルに保存',under=0,command=file_save) #⑥
  m.add_separator()
  m.add_command(label='終了',under=0,command=sys.exit)
  menu.add_cascade(label='ファイル',under=0,menu=m)

if __name__ == '__main__':
  root = tk.Tk()
  root.title(u"タイトル")
  set_menu(root)
  root.mainloop()
```

【コードの解説】

①「tkinter.filedialog」モジュールの「asksaveasfilename」関数をインポート。
②ファイルを保存する「file_save」関数。
③名前を付けてファイルを保存するダイアログを表示。
④ファイルが指定されているか調べる。
⑤もし④が成り立つ場合、ファイル名をターミナルに表示。
⑥「ファイルに保存」メニューを追加。

6-9 「ダイアログ」の表示

この節では6-3のように既に用意されたダイアログの「メッセージボックス」ではなく、自由にGUIパーツを配置したダイアログを表示します。

■ダイアログ

「ダイアログ」(dialog)は、「対話」を意味する英語で、「メッセージを表示」したり、「OK」「キャンセル」を入力したりします。 この節で新たに出てくる機能は、次のようになります。

「simpledialog」オブジェクト	カスタマイズできるダイアログを作成
「Dialog」クラス	カスタマイズできるダイアログのクラス
「body」メソッド	Dialogクラスの GUIの初期化のメソッド
「lambda」式	関数を作らずに無名関数を表現する記法
「buttonbox」メソッド	Dialogクラスのボタン等を配置するメソッド
「Frame」クラス	いくつものGUIをまとめた枠組みを作成するクラス
「Entry」クラス	文字入力できるエディットボックスを作成するクラス
「apply」メソッド	Dialogクラスの各GUIの値を代入するメソッド
「get」メソッド	各GUIの値を取得
「StringVar」クラス	tkinter用のString型(文字列)を保持する、変数の役割に似たクラス
「Combobox」クラス	選択肢を選べるコンボボックスを作成するクラス
「set」メソッド	各GUIの値をセット
「bind」メソッド	各GUIのイベントが発生した時に値を変更するイベントをセット

■ダイアログのサンプルコード

このサンプルは「06tkinter」→「inputdlg01.py」にあります。

自由にGUIパーツを配置したダイアログを作成するには、「simpledialog.Dialog」クラスを派生させたクラスを使います。

ここでは、「InputDlg」という名前のクラスです。

「Dialog」には何もGUIパーツを配置しなくても、simpledialogのデフォルトの「OK」「Cancel」ボタンが表示されます。

このサンプルを実行すると、「ダイアログ」と書かれたボタンをクリックすることで、「OK」ボタンと「Cancel」ボタンのあるダイアログが表示されます。

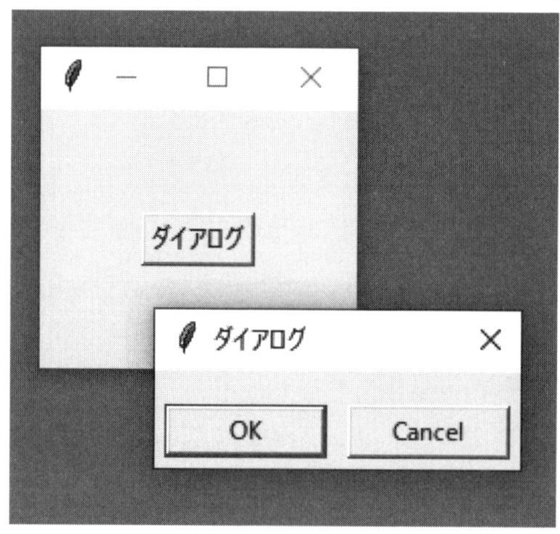

図6-20　ダイアログの表示

リスト6-16nputdlg01.py

```
import tkinter as tk
from tkinter import simpledialog #①

def input_dlg(root): #②
  dlg = InputDlg(root) #③

class InputDlg(simpledialog.Dialog): #④

  def body(self, master): #⑤
    self.money = None #⑥

root = tk.Tk()
root.title(u"ダイアログ")

btn1 = tk.Button(root,text='ダイアログ',
  command=lambda:input_dlg(root)) #⑦
btn1.pack(fill='x',padx=50,pady=50) #⑧

root.mainloop()
```

【コードの解説】

①tkinterモジュールのsimpledialogをインポート。
②ダイアログを表示するコマンドボタンが押されたら呼ばれる「input_dlg」関数。
③InputDlgクラスのインスタンスを生成して「dlg」変数に代入。
④simpledialog.Dialogクラスから派生したInputDlgクラスの宣言。
⑤ダイアログの初期化のメソッド。
⑥金額を「money」プロパティにセット。
⑦「ダイアログ」ボタンが押されたら②を呼び出すようにボタンのインスタンスを作成し「btn1」変数に代入。
⑧ボタンを配置。

■ダイアログにボタンを配置するサンプルコード

このサンプルは「06tkinter」→「inputdlg02.py」にあります。

「Frame」クラスで枠を作ってその中にGUIパーツを配置して、まとめて枠ごと位置を決めれるようにします。

複数の枠を作ってそれぞれにGUIパーツもまとめて配置できます。

ここでは「OK」「Cancel」ボタンを上書きします。配置の位置を自由に決めるためですが、少しだけしか位置は変わっていません。

このサンプルを実行すると次の図のように「ダイアログ」と書かれたボタンをクリックすると、OKボタンとCancelボタンのあるダイアログが表示されます。

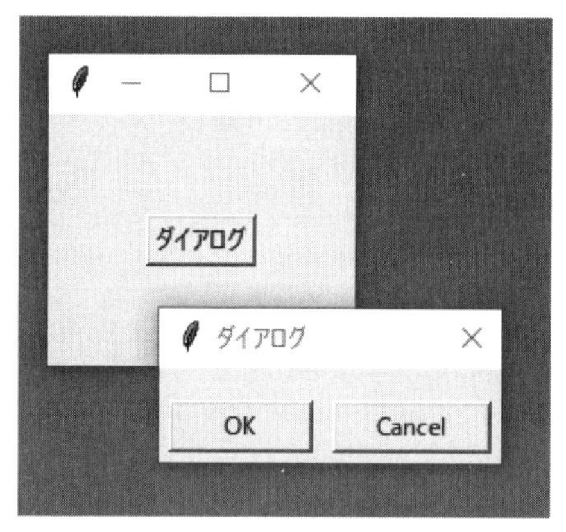

図6-21　ダイアログにボタンを配置

リスト6-17　nputdlg02.py

```
import tkinter as tk
from tkinter import simpledialog

def input_dlg(root):
  dlg = InputDlg(root)

class InputDlg(simpledialog.Dialog):

  def body(self, master):
```

```
    self.money = None

  def buttonbox(self): #①
    box = tk.Frame(self) #②
    self.button_ok = tk.Button(
      box,text="OK",width=9,command=self.ok) #③
    self.button_ok.pack(side=tk.LEFT, padx=5, pady=5) #④
    self.button_cancel = tk.Button(
      box,text="Cancel",width=10,command=self.cancel) #⑤
    self.button_cancel.pack(
      side=tk.LEFT, padx=5, pady=5) #⑥
    box.pack() #⑦

root = tk.Tk()
root.title(u"ダイアログ")

btn1 = tk.Button(root,text='ダイアログ',
  command=lambda:input_dlg(root))
btn1.pack(fill='x',padx=50,pady=50)

root.mainloop()
```

【コードの解説】

①DialogにGUIパーツを配置するメソッド。
②「Frame」クラスのインスタンスを生成して「box」変数に代入。
③「Button」クラスのインスタンスを生成して「self.button_ok」プロパティに代入。
④「self.button_ok」プロパティを配置。
⑤「Button」クラスのインスタンスを生成して「self.button_cancel」プロパティに代入。
⑥「self.button_cancel」プロパティを配置。
⑦枠組み「box」変数を配置。

■「ダイアログにエントリーを配置」するサンプルコード

このサンプルは「06tkinter」→「inputdlg03.py」にあります。

「エントリー」のEntryを配置して、カスタマイズしたダイアログを作ります。

これで「文字」を入力できるようになります。

ダイアログを開いて、エントリーに数値を入力してボタンをクリックすると、ターミナルに金額が表示されます。

このサンプルを実行すると、図のように「ダイアログ」と書かれたボタンをクリックすることで、「エントリー」と「OK」「Cancel」ボタンのあるダイアログが表示されます。

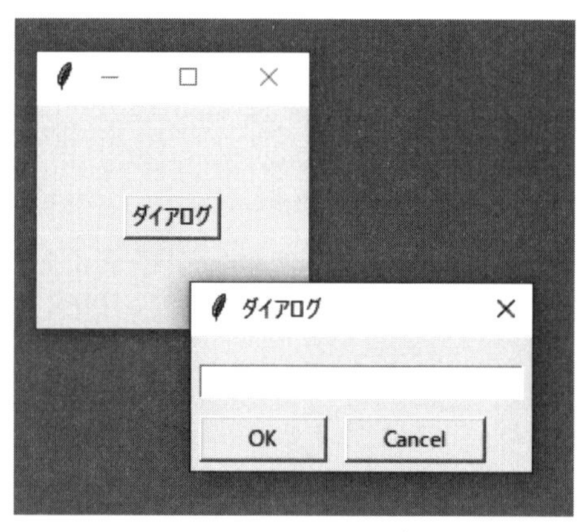

図6-22 ダイアログにエントリーを配置

リスト6-18 tdlg03.py

```
import tkinter as tk
from tkinter import simpledialog

def input_dlg(root):
  dlg = InputDlg(root)
  if dlg.money: #①
    print(dlg.money) #②

class InputDlg(simpledialog.Dialog):
```

```
  def body(self, master):
    self.money = None

  def buttonbox(self):
    box = tk.Frame(self)
    self.entry_money = tk.Entry(box,text="0",width=30) #③
    self.entry_money.pack(side=tk.TOP, padx=5, pady=5) #④
    self.button_ok = tk.Button(
      box,text="OK",width=9,command=self.ok)
    self.button_ok.pack(side=tk.LEFT, padx=5, pady=5)
    self.button_cancel = tk.Button(
      box,text="Cancel",width=10,command=self.cancel)
    self.button_cancel.pack(
      side=tk.LEFT, padx=5, pady=5)
    box.pack()

  def apply(self): #⑤
    self.money = self.entry_money.get() #⑥

root = tk.Tk()
root.title(u"ダイアログ")

btn1 = tk.Button(root,text='ダイアログ',
  command=lambda:input_dlg(root))
btn1.pack(fill='x',padx=50,pady=50)

root.mainloop()
```

【コードの解説】

①「dlg.money」プロパティに値が入っているか調べる。
②もし①が成り立つ場合、「dlg.money」の値をターミナルに表示。
③「Entry」クラスのインスタンスを生成して「self.entry_money」プロパティに代入。
④「self.entry_money」プロパティを配置。
⑤ダイアログでOKボタンを押すと変更された値が反映されるメソッド。
⑥「self.money」プロパティに「self.entry_money」の値を代入。

■「ダイアログにコンボボックスを配置」するサンプルコード

このサンプルは「06tkinter」→「inputdlg04.py」にあります。

コンボボックスの「Combobox」を配置して、さらにカスタマイズしたダイアログを作ります。

これで、選択肢から「値」も選択できるようになります。

GUIパーツのクラスによっては「tkinter」と「ttk」のどちらに属するクラスか異なります。今回のComboboxはttkに属するクラスです。

このサンプルを実行すると、「ダイアログ」のボタンをクリックすることで、「エントリー」「コンボボックス」と「OK」「Cancel」ボタンのあるダイアログが表示されます。

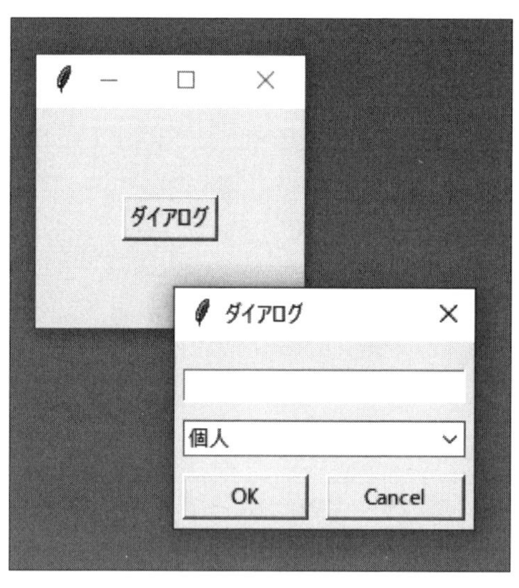

図6-23 ダイアログにコンボボックスを配置

リスト6-19nputdlg04.py

```
import tkinter as tk
from tkinter import ttk #①
from tkinter import simpledialog

def input_dlg(root):
  dlg = InputDlg(root)
  if dlg.money:
    print(dlg.money,dlg.corporate) #②

class InputDlg(simpledialog.Dialog):
  individual = ('個人','法人') #③

  def body(self, master):
    self.money = None
    self.corporate = '個人' #④
    self.value = tk.StringVar() #⑤

  def buttonbox(self):
    box = tk.Frame(self)
    self.entry_money = tk.Entry(box,text='0')
    self.entry_money.pack(fill='x',padx=5,pady=5)
    self.combo_corporate = ttk.Combobox(box,
      textvariable=self.value,values=self.individual) #⑥
    self.combo_corporate.set(self.individual[0]) #⑦
    self.combo_corporate.bind('<<ComboboxSelected>>') #⑧
    self.combo_corporate.pack(fill='x',padx=5,pady=5) #⑨
    self.button_ok = tk.Button(
        box,text='OK',width=9,command=self.ok)
    self.button_ok.pack(side=tk.LEFT, padx=5, pady=5)
    self.button_cancel = tk.Button(
      box,text='Cancel',width=10,command=self.cancel)
    self.button_cancel.pack(
      side=tk.LEFT, padx=5, pady=5)
    box.pack()

  def apply(self):
    self.money = self.entry_money.get()
    self.corporate = self.value.get() #⑩
```

```
root = tk.Tk()
root.title(u'ダイアログ')

btn1 = tk.Button(root,text='ダイアログ',
  command=lambda:input_dlg(root))
btn1.pack(fill='x',padx=50,pady=50)

root.mainloop()
```

【コードの解説】

①「tkinter」モジュールの「ttk」オブジェクトをインポート。
②金額と法人(or個人)をターミナルに表示。
③個人か法人かの「individual」プロパティ。
④「self.corporate」プロパティに「個人」を代入。
⑤StringVarクラスのインスタンスを生成して「self.value」プロパティに代入。
⑥「Combobox」クラスのインスタンスを生成して「self.combo_corporate」プロパティに代入。
⑦コンボボックスの値に③のリストの“0インデックス”の「個人」をセット。
⑧コンボボックスの値を変更するイベントとして、アイテムが選択されたイベントをセット。
⑨コンボボックスを配置。
⑩コンボボックスの値を「self.corporate」プロパティに代入。

■この章のまとめ

この章では、Tkinterモジュールを使った各種GUIの作り方を解説しました。

第7章

「OCR」でレシートの文字を家計簿に

この章では、「OCR」を使って、5章で作った家計簿を完成させます。

7-1 「家計簿」と「GUI」

第5章ではランダムな商品でしたが、この章ではコンビニなどのレシート画像を読み取って家計簿に追記します。

■OCRの機能

画像から文字列を抽出するにはAI「OCR」ができる「TESSERACT」を使います。

Pythonでは**「PyOCR」モジュール**を使います。

「PyOCR」のパッケージは、**第2章**を参考にインストールしておいてください。

「OCR」をしても、そのまま家計簿が付けられるわけではありません。

「OCR」で読み取った文字列を単語ごとに、「商品名にするか」「価格にするか」「無意味な文字列として飛ばすか」などを決める作業が必要になります。

この部分をTkinterでGUIを設計します。

この節で新たに出てくる機能は、次のようになります。

「abspath」メソッド	引数のパスの「絶対パス」を取得
「dirname」メソッド	引数のパス名から「ディレクトリ」を取得

■「家計簿」のサンプルコード

このサンプルは「07ocr」→「main01.py」にあります。

ここでは、**5-4**の「05expenses」→「main04.py」に続けてコードを書き足していきます。

家計簿の付け方は、**第5章**で解説した通りです。

「Windows」では、ファイルの拡張子を「("画像ファイル","*.jpg;*.jpeg;*.png")」などと複数指定できますが、「macOS」では「("JPGファイル", "*.jpg"),("JPEGファイル", "*.jpeg"),("PNGファイル", "*.png")」のように拡張子を一度に1つずつしか指定できないようです。

このサンプルを実行すると次の図のように「Tkinter」で「ウィンドウ」と「メニュー」を表示します。

この時点では、まだ「画像ファイルを開くダイアログを表示するコマンド」だけです。

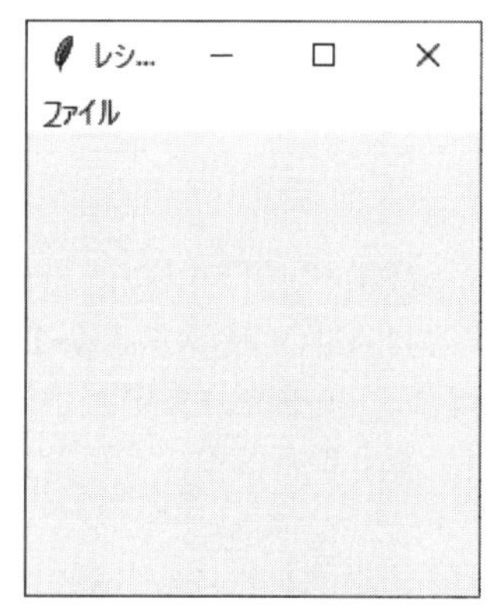

図7-1　家計簿の準備

リスト7-1　main01.py

```
import os #①
import openpyxl
from openpyxl.styles.alignment import Alignment
from openpyxl.styles import PatternFill
from openpyxl.styles.borders import Border, Side
import tkinter as tk #②
from tkinter.filedialog import askopenfilename #③
import datetime

FILE_TYPE = [("JPGファイル", "*.jpg"),
  ("JPEGファイル", "*.jpeg"),
```

```
  ("PNGファイル", "*.png"),] #④
align = Alignment(horizontal='right',vertical='center')
fill = PatternFill(patternType='solid',fgColor='cccccc')
side = Side(style='thin', color='000000')
border=Border(top=side,bottom=side,left=side,right=side)

def load_image(): #⑤
  global receipt #⑥
  dir = os.path.abspath(os.path.dirname('__file__')) #⑦
  filename = askopenfilename(
    filetypes=FILE_TYPE,initialdir=dir) #⑧

def header(ws):
  cell = ws['A1']
  cell.value = '日付'
  cell.alignment = align
  cell.fill = fill
  cell.border = border
  cell = ws['B1']
  cell.value = '商品名'
  cell.alignment = align
  cell.fill = fill
  cell.border = border
  cell = ws['C1']
  cell.value = '価格'
  cell.alignment = align
  cell.fill = fill
  cell.border = border

def begin(month):
  try:
    wb = openpyxl.load_workbook("ExpensesSample.xlsx") #⑨
  except:
    wb = openpyxl.Workbook()
    wb.remove(wb['Sheet'])
  if month in wb.sheetnames:
    ws = wb[month]
  else:
    ws = wb.create_sheet(title=month)
    header(ws)
  ws.column_dimensions['A'].width = 168/8
```

```
  ws.column_dimensions['B'].width = 360/8
  ws.column_dimensions['C'].width = 168/8
  return wb,ws

def excel(ws,index,day,item,price):
  cell = ws['A'+str(index)]
  cell.value = day
  cell.alignment = align
  cell.border = border
  cell = ws['B'+str(index)]
  cell.value = item
  cell.alignment = align
  cell.border = border
  cell = ws['C'+str(index)]
  cell.value = price
  cell.alignment = align
  cell.border = border

def set_menu(root): #⑩
  menu = tk.Menu(root) #⑪
  root.configure(menu=menu) #⑫
  m = tk.Menu(menu,tearoff=0) #⑬
  m.add_command(label='画像ファイルを開く',
    under=0,command=load_image) #⑭
  menu.add_cascade(label='ファイル',under=0,menu=m) #⑮

if __name__ == '__main__':
  month = datetime.date.today().strftime('%Y-%m')
  day = datetime.date.today().strftime('%Y-%m-%d')
  root = tk.Tk() #⑯
  root.title('レシートの商品名と価格を家計簿に追記') #⑰
  set_menu(root) #⑱
  root.mainloop() #⑲
```

【コードの解説】

①「os」モジュールをインポート。
②「tkinter」モジュールを「tk」としてインポート。
③「tkinter.filedialog」モジュールの「askopenfilename」関数をインポート。
④読み込むファイルの拡張子を「jpg」「jpeg」「png」だけにする。
⑤レシート画像を読み込む「load_image」関数。
⑥l「oad_image」関数内でreceipt変数を代入・取得できるように。
⑦この「main01.py」ファイルがあるディレクトリを取得。
⑧ファイルを開くダイアログを表示。
⑨「ExpensesSample.xlsx」ファイルをワークブックに読み込む。
⑩メニューをセットする「set_menu」関数。
⑪「Menu」クラスのインスタンスを生成して「menu」変数に代入。
⑫ルートウィンドウに「menu」変数を構成。
⑬Menuクラスのインスタンスを生成して「m」変数に代入。
⑭メニューに「画像ファイルを開く」コマンドの追加。
⑮「ファイル」メニューを追加。
⑯ルートウィンドウの作成。
⑰ウィンドウのタイトルを付ける。
⑱メニューを作成する「set_menu」関数(⑩)を呼び出す。
⑲ルートウィンドウのメインループ。

7-2 TESSERACT

この節では「PyOCR」モジュールで使うOCRエンジン「TESSERACT」で、画像から文字列を抽出し、ターミナルに表示します。

■TESSERACTの機能

「TESSERACT」は、「テッセラクト」と読み、「立方体の4次元の相似形」を意味します。

元々はヒューレット・パッカード社が開発していましたが、2005年にオープンソース化され、現在はGoogleが後援しています。 この節で新たに出てくる機能は、次のようになります。

「pyocr」モジュール	TESSERACTでOCRするためのモジュール
「PIL」モジュール	Python Image Libraryの頭文字をとった略名で、Pythonで各種形式の画像ファイルの「読み込み」「操作」「保存」を行なうモジュール
「Image」クラス	PILの画像を扱うクラス
「copy」メソッド	画像データを参照渡しでなく値渡しで取得
「ndim」プロパティ	多次元配列が何次元かのプロパティ
pass文	何もせずに通り抜ける
shapeリスト	多次元配列の構造のリスト
「cvtColor」関数	画像のバイトをBGR→RGBなどに変換
「fromarray」クラスメソッド	リストからデータを取り出す
「imread」関数	画像を読み込む
「threshold」関数	閾値で画像を2色に分ける
「TESSERACT_CMD」プロパティ	TESSERACTのプログラムのあるパス
「get_available_tools」関数	利用可能なTESSERACTツールの一覧リスト
「exit」関数	プログラムを終了する
「TextBuilder」クラス	OCRして画像からテキスト画像を生成
「image_to_string」メソッド	テキスト画像から文字列に変換

■「TESSERACT」のサンプルコード

このサンプルは「07ocr」→「main02.py」にあります。

「TESSERACT=r'C:/Program Files/Tesseract-OCR/tesseract.exe'」は、「Windows」の場合だけで、「macOS」の場合は「TESSERACT=r'/usr/local/Cellar/tesseract/4.1.3/bin/tesseract'」などと書き換えてください。

バージョン名の「4.1.3」は異なる可能性があります。

その場合は、フォルダを探して書き換えてください。

「ocr」関数で画像の文字が判別しやすいように、画像データを「閾値140」で白黒2色の画像データに変換し、「cv2pil」関数でOpenCV形式の画像データをPIL形式に変換します。

「TextBuilder」クラスで1単語ごとに矩形で囲んだブロックに分けて、「image_to_string」関数でそれをテキストの文字列に変換します。

このサンプルを実行すると、「OCR」した文字列がターミナルに出力されます。

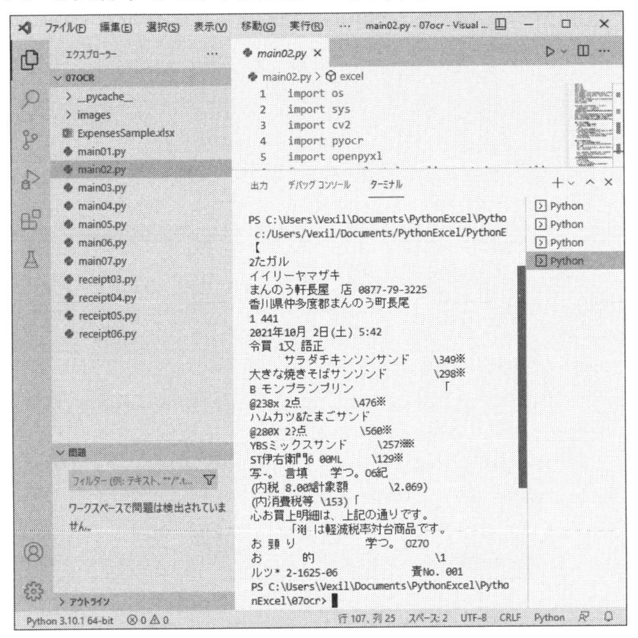

図7-2 「TESSERACT」で文字を読み取り

リスト7-2 main02.py

```
import os
import sys #①
import cv2 #②
import pyocr #③
import openpyxl
from openpyxl.styles.alignment import Alignment
from openpyxl.styles import PatternFill
from openpyxl.styles.borders import Border, Side
import tkinter as tk
from tkinter.filedialog import askopenfilename
from PIL import Image #④
import datetime

FILE_TYPE = [("JPGファイル", "*.jpg"),
  ("JPEGファイル", "*.jpeg"),
  ("PNGファイル", "*.png"),]
TESSERACT=\
  r'C:/Program Files/Tesseract-OCR/tesseract.exe' #⑤
receipt = None #⑥
align = Alignment(horizontal='right',vertical='center')
fill = PatternFill(patternType='solid',fgColor='cccccc')
side = Side(style='thin', color='000000')
border=Border(top=side,bottom=side,left=side,right=side)

def cv2pil(image): #⑦
  new_image = image.copy() #⑧
  if new_image.ndim == 2: #⑨
    pass #⑩
  elif new_image.shape[2] == 3: #⑪
    new_image=cv2.cvtColor(new_image,cv2.COLOR_BGR2RGB) #⑫
  elif new_image.shape[2] == 4: #⑬
          new_image=cv2.cvtColor(
      new_image,cv2.COLOR_BGRA2RGBA) #⑭
  new_image=Image.fromarray(new_image) #⑮
  return new_image #⑯

def ocr(image_file): #⑰
  img = cv2.imread(image_file) #⑱
  img = cv2.cvtColor(img,cv2.COLOR_BGR2GRAY) #⑲
```

```
  th = 140 #⑳
  img = cv2.threshold(img,th,255,cv2.THRESH_BINARY)[1] #㉑
  img = cv2pil(img) #㉒

  pyocr.tesseract.TESSERACT_CMD = TESSERACT #㉓
  tools = pyocr.get_available_tools() #㉔
  if len(tools) == 0: #㉕
    print('OCRツールが見つかりません！') #㉖
    sys.exit(1) #㉗
  tool = tools[0] #㉘
  builder = pyocr.builders.TextBuilder(
    tesseract_layout=6) #㉙
  return tool.image_to_string(
    img,lang='jpn',builder=builder) #㉚
def load_image():
  global receipt
  dir = os.path.abspath(os.path.dirname('__file__'))
  filename = askopenfilename(
    filetypes=FILE_TYPE,initialdir=dir)
  if filename: #㉛
    text = ocr(filename) #㉜
    print(text) #㉝

(後略)
--------------------------------------------------
```

【コードの解説】

①「sys」モジュールをインポート。
②「cv2」モジュールをインポート。
③「pyocr」モジュールをインポート。
④「PIL」モジュールから「Image」クラスをインポート。
⑤「TESSERACT」のプログラムがあるパス。
⑥レシートを扱う変数。
⑦画像データをOpenCV形式からPIL形式に変換する「cv2pil」関数。
⑧画像のコピーを「new_image」変数に代入。
⑨画像が2次元リストか調べる。
⑩もし⑨が成り立つ場合、処理を飛ばす。
⑪もし⑨が成り立たない場合、画像データが「3バイト」か調べる。

⑫もし⑪が成り立つ場合、画像データを「BGR→RGB」に変換。
⑬もし⑪が成り立たない場合、画像データが「4バイト」か調べる。
つまり、「8bitのアルファ付き」か調べる。
⑭もし⑬が成り立つ場合、画像データを「BGRA→RGBA」に変換。
⑮画像データを配列からデータを取り出す。
⑯戻り値に「new_iamge」変数を返す。
⑰画像ファイルを読み込んでOCRする「ocr」関数。
⑱画像を読み込む。
⑲画像データをグレースケールに変換。
⑳閾値を“140”に。
㉑画像データを閾値で白黒2色に分ける。
㉒画像データをOpenCV→PIL形式に変換。
㉓TESSERACTのプログラムがあるパスをセット。
㉔利用可能なOCRエンジンを取得。
㉕利用可能なOCRエンジンがないことを調べる。
㉖もし㉕が成り立つ場合、警告文をターミナルに出力。
㉗プログラムを終了。
㉘「利用可能な最初」(0インデックス)のツールを「tool」変数に代入。
㉙画像データの中の文字の画像だけを探す。「tesseract_layout」引数の「6」
は、画像の読み取り方で均一なテキストブロックを想定する。
㉚文字画像データをテキスト形式に変換した文字列を戻り値として返す。
㉛画像ファイルを開くファイル名があるか調べる。
㉜もし㉛が成り立つ場合、ocr関数(⑰)を呼び出す。
㉝ターミナルに抽出した文字列を出力。

7-3 「OCRした文字列」の表示

「OCR」で読み込んだ文字列を、別モジュールにした「receipt○○.py」ファイルで、文字列を家計簿に商品名と価格を振り分けるようにしていきます。

■PyOCRの機能

「main03.py」でOCRして画像から文字列を抽出したものを「2次元リスト」に代入し、それを「receipt03」モジュールの「Receipt」クラスに渡して「GUI」に表示します。

この節で新たに出てくる機能は、次のようになります。

「append」メソッド	リストの後ろに要素を追加するメソッド
「__init__」メソッド	クラスのインスタンスを生成するときに呼ばれる初期化メソッド

■「OCR」のサンプルコード

このサンプルは「07ocr」→「main03.py」にあります。
ここでは、まだ「receipt03.py」のコードを書いていないので、実行できません。

この「main03.py」ファイルだけではGUIで文字列を表示せず、GUIで家計簿用に「商品名」と「価格」の分類はできません。
それらは「Receipt」クラスが担当します。

「OCR」で抽出した文字列を「Receipt」クラスで扱いやすくするために、「2次元リスト」に文字列を分割します。
「split_text」関数で文字列を分割します。

「cv2pil」関数や「ocr」関数などは、前節のままです。

リスト7-3 main03.py

```
import os
import sys
import cv2
import pyocr
import openpyxl
from openpyxl.styles.alignment import Alignment
from openpyxl.styles import PatternFill
from openpyxl.styles.borders import Border, Side
import tkinter as tk
from tkinter.filedialog import askopenfilename
from PIL import Image
import datetime
from receipt03 import Receipt #①

(中略)

def split_text(text): #②
  txt1 = [] #③
  txt2 = text.split('¥n') #④
  for i in range(len(txt2)): #⑤
    row = txt2[i].split() #⑥
    txt1.append(row) #⑦
  return txt1 #⑧

def load_image():
  global receipt
  dir = os.path.abspath(os.path.dirname('__file__'))
  filename = askopenfilename(
    filetypes=FILE_TYPE,initialdir=dir)
  if filename:
    text = ocr(filename)
    text = split_text(text) #⑨
    receipt.init(text) #⑩

(中略)

if __name__ == '__main__':
  month = datetime.date.today().strftime('%Y-%m')
  day = datetime.date.today().strftime('%Y-%m-%d')
```

```
root = tk.Tk()
root.title('レシートの商品名と価格を家計簿に追記')
set_menu(root)
receipt = Receipt(root) #⑪
root.mainloop()
```

【コードの解説】

①後の「receipt03」モジュールのReceiptクラスをインポート。
②「text」引数を改行文字ごとに区切ってリストにし、そのリストの要素も区切って2次元リストにする「split_text」関数。
③「txt1」変数に空のリストを代入。
④「text」引数を改行文字で分割して「txt2」リストに代入。
⑤「for」文で0〜txt2の要素数未満までループ。
⑥「txt2」変数の「i」インデックスごとに文字列を分割して「row」変数に代入。
⑦「txt1」変数の後ろの要素にrow変数を追加。
⑧戻り値として「txt1」変数を返す。
⑨「split_text」関数(②)を呼び出す。
⑩「Receipt」クラスの「init」メソッドを呼び出す。
⑪「Receipt」クラスのインスタンスを生成して「receipt」変数に代入。

■Tkinterのサンプルコード

このサンプルは「07ocr」→「receipt03.py」にあります。
この「py」ファイルはモジュール専用なので、「07ocr」→「main03.py」を実行する必要があります。

この章では「Receipt」クラスを別のpyファイルのモジュール「receipt○○.py」に分けて使います。

「__init__」メソッドはReceiptクラスのインスタンスを生成するときにだけ呼ばれるクラスに最初から用意されたメソッドです。「init」メソッドも単語の意味は同じ「初期化」ですが、別に用意したメソッドです。

このサンプルを実行すると、次の図のようにOCRした文字列をウィンドウの「self.label」に表示します。その文字列はmain03.pyのsplit_text関数で作成したリストを単語ごとに全角空白4文字を間に挟んだり改行文字を入れたりした文字列です。まだ商品名と価格には分けません。

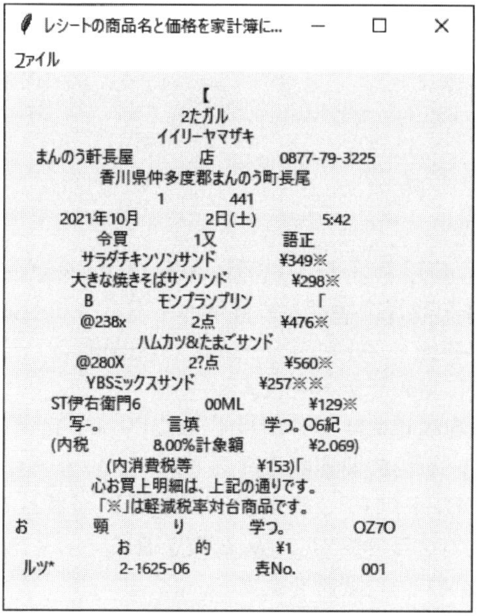

レシートの商品名と価格を家計簿に...

ファイル

```
【
2たガル
イイリーヤマザキ
まんのう軒長屋          店          0877-79-3225
香川県仲多度郡まんのう町長尾
1          441
2021年10月          2日(土)          5:42
令買          1又          語正
サラダチキンソンサンド          ¥349※
大きな焼きそばサンソンド          ¥298※
B          モンプランプリン          「
@238x          2点          ¥476※
ハムカツ&たまごサンド
@280X          2?点          ¥560※
YBSミックスサンド          ¥257※※
ST伊右衛門6          00ML          ¥129※
写-。          言填          学つ。O6紀
(内税          8.00%計象額          ¥2.069)
(内消費税等          ¥153)「
心お買上明細は、上記の通りです。
「※」は軽減税率対台商品です。
お          頸          り          学つ。          OZ7O
お          的          ¥1
ルツ*          2-1625-06          袁No.          001
```

図7-3　GUIの準備

リスト7-4　receipt03.py

```
import tkinter as tk #①

class Receipt(): #②

  def __init__(self,root): #③
    self.root = root #④

    self.text = tk.StringVar() #⑤
    self.label = tk.Label(root,textvariable=self.text) #⑥
    self.label.pack(side=tk.BOTTOM,padx=5,pady=5) #⑦

  def init(self,text): #⑧
    self.text.set(self.get_text(text,0,0)) #⑨

  def get_text(self,text,row,column): #⑩
    txt = "" #⑪
    for i in range(row,len(text)): #⑫
      if i != row: #⑬
        column = 0 #⑭
```

```
    for j in range(column,len(text[i])): #⑮
      txt += text[i][j] #⑯
      txt += '        ' #⑰
    txt += '¥n' #⑱
  return txt #⑲
```

【コードの解説】

①「tkinter」モジュールを「tk」としてインポート。
②「Receit」クラスの宣言。
③「Receipt」クラスのインスタンスを生成するときに呼ばれる初期化メソッド。
④引数「root」を「self.root」プロパティに代入。
⑤「String」型(文字列)の値を保持する「StringVar」クラスのインスタンスを生成して「self.text」プロパティに代入。
⑥ラベルのインスタンスを生成して「self.label」プロパティに代入。
⑦ラベルを配置。
⑧「__init__「メソッドとは別に初期化するメソッド。
⑨「get_text」メソッドから取得した文字列をラベルにセット。
⑩「text」引数の行と列の場所から最後までの文字列を取得する「get_text」メソッド。
⑪「txt」変数に空文字を代入。
⑫for文で“「row」(行)引数～textの要素数未満”までループ。
⑬「i」変数が「row」引数と異なるか調べる。
⑭もし⑬が成り立つ場合、「column」(列)引数に0を代入。
⑮「for」文で“「column」引数～「text[i]」変数の要素数未満”までループ。
⑯「txt」変数の後ろに「text[i][j]」変数の文字列を連結。
⑰「txt」変数に空白文字を連結して文字列と文字列の間に空白を入れる。
⑱「txt」変数に改行文字を代入。
⑲「get_text」メソッドの戻り値としてtxt変数を返す。

7-4 「GUI」の準備

この節では、「GUI」の下準備をします。

まだ、この節では「Receipt」クラスのプロパティを用意するだけで、前節と同じ画面になるだけです。

■「レシート」モジュール

7-4〜7-6までの「main04.py」〜「main06.py」ファイルは、「receipt04.py」〜「receipt06.py」しかコードに変更がないため、読み込む「レシート」モジュールのファイル名が異なるだけです。この節で新たに出てくる機能はありません。

■メインファイルのサンプルコード

このサンプルは「07ocr」→「main04.py」にあります。

「receipt04.py」のコードを書いていないので、まだ実行できません。

「receipt04.py」ファイルは「receipt03.py」にコードを追加したモジュールです。

リスト7-5 main04.py

```
import os
import sys
import cv2
import pyocr
import openpyxl
from openpyxl.styles.alignment import Alignment
from openpyxl.styles import PatternFill
from openpyxl.styles.borders import Border, Side
import tkinter as tk
from tkinter.filedialog import askopenfilename
from PIL import Image
import datetime
from receipt04 import Receipt #①

(後略)
```

【コードの解説】

①「receipt04」モジュールの「Receipt」クラスをインポート。

■レシートの文字列表示のサンプルコード

このサンプルは「07ocr」→「receipt04.py」にあります。

この「py」ファイルはモジュール専用なので、「07ocr」→「main04.py」を実行する必要があります。

「items」プロパティや「text_item」プロパティの「アイテム」は「商品名」のことで、「prices」プロパティや「text_price」プロパティの「プライス」は「価格」のことです。

「__init__」メソッドと「init」メソッドの初期化を別にしたのは、前者は「Receipt」クラスのインスタンスを生成するときにしか呼び出せませんが、後者はインスタンスがあれば何度でも呼び出せるようにするためです。

このサンプルを実行すると、図のように「画像ファイルを開く」メニューでレシート画像を読み込むことで、ウィンドウに「OCR」した文字列が表示されます。

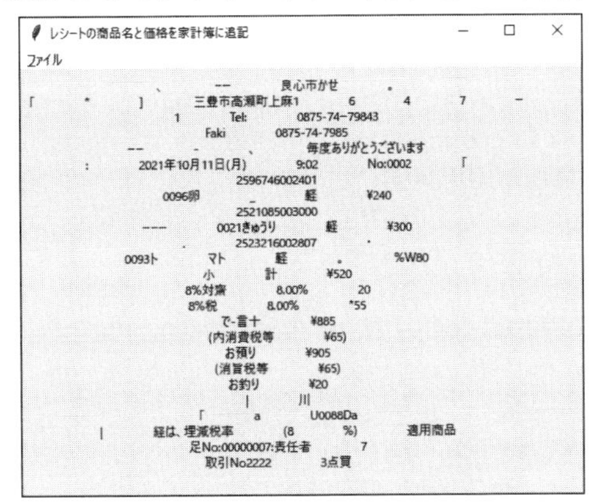

図7-4　レシートの文字列をGUIに表示

リスト7-6　receipt04.py

```
import tkinter as tk

class Receipt():
  items = [] #①
  prices = [] #②
  current = None #③
  column = None #④
  row = None #⑤
  words = None #⑥

  def __init__(self,root):
    self.root = root

    self.text_item = tk.StringVar() #⑦
    self.text_price = tk.StringVar() #⑧
    self.text = tk.StringVar()
    self.label = tk.Label(root,textvariable=self.text)
    self.label.pack(side=tk.BOTTOM,padx=5,pady=5)

  def init(self,text):
    self.items = [] #⑨
    self.prices = [] #⑩
    self.current = 'item' #⑪
    self.column = 0 #⑫
    self.row = 0 #⑬
    self.words = text #⑭
    self.text_item.set('') #⑮
    self.text_price.set('') #⑯
    self.text.set(self.get_text(text,0,0))

  def get_text(self,text,row,column):
    txt = ""
    for i in range(row,len(text)):
      if i != row:
        column = 0
      for j in range(column,len(text[i])):
        txt += text[i][j]
        txt += '       '
      txt += '¥n'
```

```
    return txt
```

【コードの解説】

①商品の「items」プロパティに空のリストを代入。
②価格の「prices」プロパティに空のリストを代入。
③現在の状態「current」プロパティに「None」を代入。
④列の「column」プロパティに「None」を代入。
⑤行の「row」プロパティに「None」を代入。
⑥OCRした文字列「words」プロパティに「None」を代入。
⑦StringVarクラスのインスタンスを生成してGUIの「self.text_item」プロパティに代入。
⑧StringVarクラスのインスタンスを生成してGUIの「self.text_price」プロパティに代入。
⑨商品の「self.items」プロパティに空のリストを代入。
⑩価格の「self.prices」プロパティに空のリストを代入。
⑪現在の状態「self.current」プロパティに文字列「item(商品)」を代入。
⑫列の「self.column」プロパティに「0」を代入。
⑬行の「self.row」プロパティに「0」を代入。
⑭OCRした文字列「words」プロパティに「text」引数を代入。
⑮StringVarクラスのインスタンス「self.text_item」プロパティに空文字を代入。
⑯StringVarクラスのインスタンス「self.text_price」プロパティに空文字を代入。

7-5 「GUI」のボタン

この節では、「なし」「商品名」「価格」ボタンを配置します。
まだ配置するだけで、ボタンを押しても何も起こりません。

■「ボタン」の機能

「OCR」で取り込むだけで、そのまま家計簿をExcelファイルに書き足していけたらいいのですが、プログラムを組むのが難しいです。

そこで手間はかかりますが、GUIのボタンを使って「商品名」や「価格」や「なし」ボタンで1単語ずつ仕分けていきます。 この節で新たに出てくる機能はありません。

■メインファイルのサンプルコード

このサンプルは「07ocr」→「main05.py」にあります。
「receipt05.py」のコードを書いていないので、実行はできません。
「receipt05.py」ファイルは「receipt04.py」にコードを追加したモジュールです。

リスト7-7 main05.py

```
import os
import sys
import cv2
import pyocr
import openpyxl
from openpyxl.styles.alignment import Alignment
from openpyxl.styles import PatternFill
from openpyxl.styles.borders import Border, Side
import tkinter as tk
from tkinter.filedialog import askopenfilename
from PIL import Image
import datetime
from receipt05 import Receipt #①

(後略)
```

【コードの解説】

①「receipt05」モジュールの「Receipt」クラスをインポート。

■「ボタンGUI」のサンプルコード

このサンプルは「07ocr」→「receipt05.py」にあります。このpyファイルはモジュール専用なので、「07ocr」→「main05.py」を実行する必要があります。

3つの「なし」「商品名」「価格」ボタンを1つのFrame(フレーム、枠組み)にまとめて配置します。

また2つの「商品」「価格」エントリーを1つのフレームにまとめて配置します。

後の節で、最終的に3つのボタンを押すたびに残りのレシートの文字列の最初から1単語ずつ消去していきます。

次の図のように「商品名」ボタンを押したら現在の状態を「item」にし、「価格」ボタンを押したら現在の状態を「price」にします。現在の状態は「self.current」プロパティに代入します。

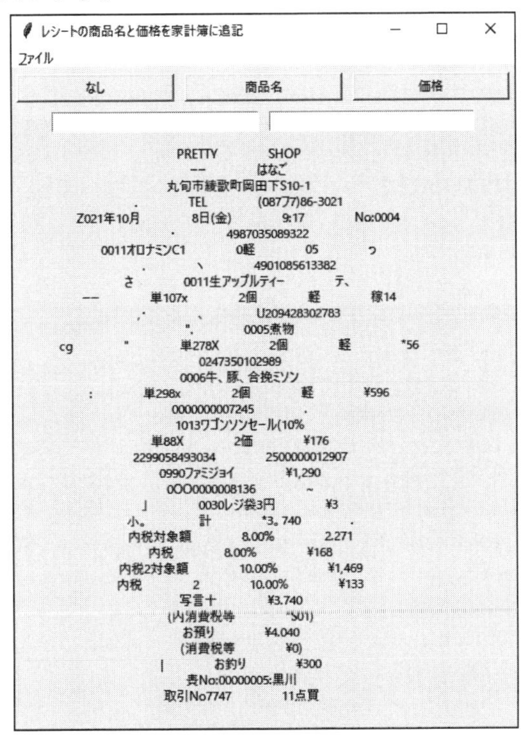

図7-5 ボタンのGUI

リスト7-8　receipt05.py

```
import tkinter as tk

class Receipt():
  items = []
  prices = []
  current = None
  column = None
  row = None
  words = None

  def __init__(self,root):
    self.root = root
    box = tk.Frame(root) #①
    button_none = tk.Button(
      box,text="なし",width=20,command=self.set_none) #②
    button_none.pack(side=tk.LEFT,padx=5,pady=5) #③
    button_item = tk.Button(
      box,text="商品名",width=20,command=self.set_item) #④
    button_item.pack(side=tk.LEFT,padx=5,pady=5) #⑤
    button_price = tk.Button(
      box,text="価格",width=20,command=self.set_price) #⑥
    button_price.pack(side=tk.LEFT,padx=5,pady=5) #⑦
    box.pack() #⑧

    self.text_item = tk.StringVar()
    self.text_price = tk.StringVar()
    box = tk.Frame(self.root) #⑨
    self.entry_item = tk.Entry(
      box,textvariable=self.text_item,width=32) #⑩
    self.entry_item.pack(side=tk.LEFT,padx=5,pady=5) #⑪
    self.entry_price = tk.Entry(
      box,textvariable=self.text_price,width=32) #⑫
    self.entry_price.pack(side=tk.LEFT,padx=5,pady=5) #⑬
    box.pack() #⑭

    self.text = tk.StringVar()
    self.label = tk.Label(root,textvariable=self.text)
    self.label.pack(side=tk.BOTTOM,padx=5,pady=5)
```

```
def init(self,text):
  self.items = []
  self.prices = []
  self.current = 'item'
  self.column = 0
  self.row = 0
  self.words = text
  self.text_item.set('')
  self.text_price.set('')
  self.text.set(self.get_text(text,0,0))

def get_text(self,text,row,column):
  txt = ""
  for i in range(row,len(text)):
    if i != row:
      column = 0
    for j in range(column,len(text[i])):
      txt += text[i][j]
      txt += '         '
    txt += '¥n'
  return txt

def progress(self): #⑮
  if self.row == None: return None #⑯
  word = self.words[self.row][self.column] #⑰
  return word #⑱

def set_none(self): #⑲
  self.progress() #⑳

def set_item(self): #㉑
  word = self.progress() #㉒
  self.current = 'item' #㉓

def set_price(self): #㉔
  word = self.progress() #㉕
  self.current = 'price' #㉖
```

【コードの解説】

①「Frame」クラスのインスタンスを生成して「box」変数に代入。
②「なし」ボタンのインスタンスを生成して「button_none」プロパティに代入。ボタンが押されたらset_noneメソッドを呼び出す。
③「なし」ボタンを配置。
④「商品名」ボタンのインスタンスを生成して「button_item」プロパティに代入。ボタンが押されたらset_itemメソッドを呼び出す。
⑤「商品名」ボタンを配置。
⑥「価格」ボタンのインスタンスを生成して「button_price」プロパティに代入。ボタンが押されたらset_priceメソッドを呼び出す。
⑦「価格」ボタンを配置。
⑧3つのボタンの置かれた「box」変数を配置。
⑨「Frame」クラスのインスタンスを生成して「box」変数に代入。
⑩商品名を入れる「Entry」クラスのインスタンスを生成して「entry_item」プロパティに代入。
⑪entry_itemプロパティを配置。
⑫価格を入れるEntryクラスのインスタンスを生成して「entry_price」プロパティに代入。
⑬entry_priceプロパティを配置。
⑭2つのエントリーの置かれた「box」変数を配置。
⑮レシートの文字列の次の単語へ進む「progress」メソッド。
⑯行が「None(なし)」ならNoneを戻り値で返す。
⑰「self.words」プロパティの現在の行と列の単語を「word」変数に取得。
⑱戻り値としてwordを返す。
⑲「なし」ボタンが押されたら呼ばれる「set_none」メソッド。
⑳self.progressメソッドを呼び出す。
㉑「商品名」ボタンが押されたら呼ばれる「set_item」メソッド。
㉒self.progressメソッドを呼び出す。
㉓現在の状態を文字列「item」としてセット。
㉔「価格」ボタンが押されたら呼ばれる「set_price」メソッド。
㉕self.progressメソッドを呼び出す。
㉖現在の状態を文字列「price」としてセット。

7-6 GUIで「文字列の操作」

この節では、GUIでの「文字列の操作」について解説します。

■レシート文字列の操作

実際に操作した方が分かりやすいと思いますが、「なし」「商品名」「価格」ボタンのいずれかを押せば、レシート文字列が1単語ずつ消えていきます。

「なし」ボタンは、次のレシート文字列に進みます。
「商品名」ボタンは、商品を商品エントリーに入れます。
「価格」ボタンは、価格を価格エントリーに入れて、商品リストと価格リストにエントリーの文字列を代入します。
この節で新たに出てくる機能はありません。

■「メインファイル」のサンプルコード

このサンプルは「07ocr」→「main06.py」にあります。
まだ「receipt06.py」のコードを書いていないので実行できません。
「receipt06.py」ファイルは、「receipt05.py」にコードを追加したモジュールです。

リスト7-9 main06.py

```
import os
import sys
import cv2
import pyocr
import openpyxl
from openpyxl.styles.alignment import Alignment
from openpyxl.styles import PatternFill
from openpyxl.styles.borders import Border, Side
import tkinter as tk
from tkinter.filedialog import askopenfilename
from PIL import Image
import datetime
from receipt06 import Receipt #①

(後略)
```

【コードの解説】

①「receipt06」モジュールの「Receipt」クラスをインポート。

■「レシートの商品名」と「価格」を仕分けするサンプルコード

このサンプルは「07ocr」→「receipt06.py」にあります。

この「py」ファイルはモジュール専用なので、「07ocr」→「main06.py」を実行する必要があります。

「なし」ボタンが押されたら、レシート文字列の現在の「行か列」を1つ、進めます。

「価格エントリーに入力状態」の時は、価格リストの最後の要素に価格エントリーの文字列を代入します。

「商品名」ボタンが押されたら、レシート文字列の現在の「行か列」を1つ進めます。

「価格エントリーに入力状態」の時は、価格リストの最後の要素に価格エントリーの文字列を代入します。

「商品エントリー」に入力状態のときは商品リストの最後の要素に商品エントリーの文字列を連結して代入します。

「価格」ボタンが押されたら、レシート文字列の現在の「行か列」を1つ、進めます。

「商品エントリーに入力状態」のときは、価格エントリーに現在のレシート文字列をセットし、「商品リスト」と「価格リスト」の後ろに文字列を追加します。

「価格エントリーに入力状態」のときは、価格エントリーに価格をセットし、「商品リスト」と「価格リスト」の最後の要素に文字列を代入します。

このサンプルを実行して、ボタンを押すと、図のように「商品名」と「価格」をエントリーに表示します。

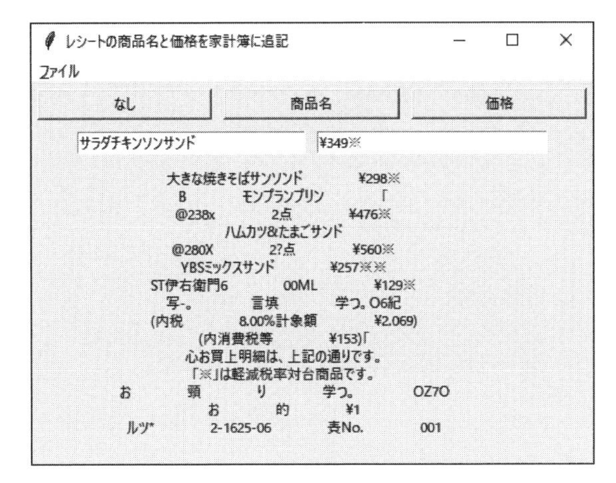

図7-6　レシートの商品名と価格を仕分け

リスト7-10　receipt06.py

```
import tkinter as tk

class Receipt():

(中略)

  def progress(self):
    if self.row == None: return None
    word = self.words[self.row][self.column]
    self.column += 1 #①
    if self.column >= len(self.words[self.row]): #②
      self.row += 1 #③
      self.column = 0 #④
    self.text.set(self.get_text(
      self.words,self.row,self.column)) #⑤
    if self.row >= len(self.words): #⑥
      self.row = None #⑦
    return word

  def set_none(self):
    self.progress()
    if self.current == 'price': #⑧
      self.prices[-1] = self.text_price.get() #⑨
```

```
  def set_item(self):
    word = self.progress()
    if self.current == 'price': #⑩
      self.prices[-1] = self.text_price.get() #⑪
      self.text_item.set('') #⑫
      self.text_price.set('') #⑬
    if word: #⑭
      if self.current == 'item': #⑮
        word = self.text_item.get() + word #⑯
      self.text_item.set(word) #⑰
    self.current = 'item'

  def set_price(self):
    word = self.progress()
    if word: #⑱
      if self.current == 'item': #⑲
        self.text_price.set(word) #⑳
        self.items.append(self.text_item.get()) #㉑
        self.prices.append(word) #㉒
      elif self.current == 'price': #㉓
        word = self.text_price.get() + word #㉔
        self.text_price.set(word) #㉕
        self.items[-1] = self.text_item.get() #㉖
        self.prices[-1] = word #㉗
    self.current = 'price'
----------------------------------------------
```

【コードの解説】

①レシート文字列の列を1つ進める。
②レシート文字列の列が現在の行の列数を超えたか調べる。
③もし②が成り立つ場合、レシート文字列の行を1行進める。
④レシート文字列の列を0に。
⑤現在の行と列から最後までのレシート文字列をセット。
⑥レシート文字列の現在の行がレシート文字列の最大行を超えたか調べる。
⑦もし⑥が成り立つ場合、現在の行に「None」を代入。
⑧現在の状態が「price」か調べる。
⑨もし⑧が成り立つ場合、価格のリストの最後の要素に価格エントリーの文字列を代入。
⑩現在の状態が「price」か調べる。
⑪もし⑩が成り立つ場合、価格のリストの最後の要素に価格エントリーの文字列を代入。
⑫商品エントリーを空文字にする。
⑬価格エントリーを空文字にする。
⑭レシート文字列が残っているか調べる。
⑮もし⑭が成り立つ場合、現在の状態が「item」か調べる。
⑯もし⑮が成り立つ場合、「word」変数に商品エントリーの文字列とword変数を連結して代入。
⑰商品エントリーにword変数をセット。
⑱レシート文字列が残っているか調べる。
⑲現在の状態が「item」か調べる。
⑳もし⑲が成り立つ場合、価格エントリーにword変数をセット。
㉑商品リストの後ろに商品エントリーの文字列を追加。
㉒価格リストの後ろにword変数をセット。
㉓もし⑲が成り立たなかった場合、現在の状態が「price」か調べる。
㉔もし㉓が成り立つ場合、「word」変数に価格エントリーの文字列とword変数を連結して代入。
㉕価格エントリーにword変数をセット。
㉖商品リストの最後の要素に商品エントリーの文字列を代入。
㉗価格リストの最後の要素に「word」変数を代入。

7-7 「Excelファイル」への保存

今日の「日付」とレシート画像から読み取った「商品」「価格」を、家計簿の「ExpensesSample.xlsx」ファイルに保存します。

■「家計簿の自動化」の仕上げ

あとは**第3章**の「Excel」ファイルを扱う「OpenPyXL」モジュールと、**第6章**のGUIを扱う「Tkinter」モジュールで解説したことを応用すれば、この章は完成です。

ワークシートに日付と商品名と価格のセルを追加してワークブックを保存します。

メニューに「xlsxファイルに保存する」コマンドを実装します。

この節で新たに出てくる機能はありません。

■「Excelファイル」に保存するサンプルコード

このサンプルは「07ocr」→「main07.py」にあります。

「xlsx」ファイルに保存メニューを実行すると「save_xlsx」関数で、「receipt06」モジュールの「Receipt」クラスで商品リストと価格リストに詰め込んだ文字列を家計簿に追記します。

このままでは「ExpensesSample.xlsx」に保存するだけなので、「begin」関数で開いて「save_xlsx」関数で保存するExcelファイル名を、名前を付けて保存するダイアログで指定してもいいでしょう。

このサンプルを実行すると、図のように「ファイル」メニューに「xlsxファイルに保存」メニューとセパレータと「終了」メニューを追加します。

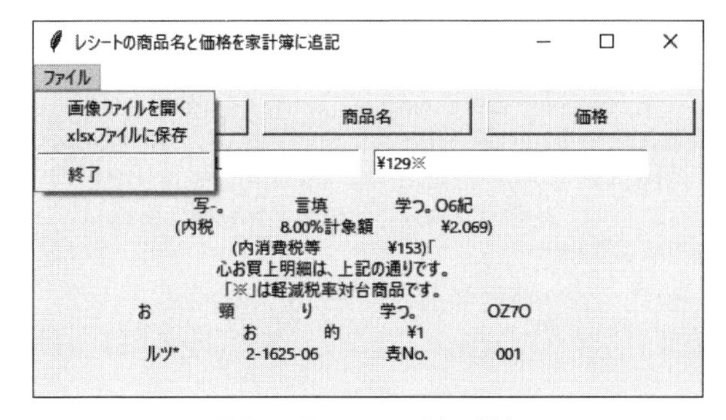

図7-7　Excelファイルへ保存

リスト7-11　main07.py

```
(前略)

def save_xlsx(): #①
  if receipt: #②
    if receipt.current == 'price': #③
      receipt.prices[-1] = receipt.text_price.get() #④
    wb,ws = begin(month) #⑤
    max = ws.max_row+1 #⑥
    for i in range(len(receipt.items)): #⑦
      excel(ws,max+i,
        day,receipt.items[i],receipt.prices[i]) #⑧
    wb.save('ExpensesSample.xlsx') #⑨

(中略)

def set_menu(root):
  menu = tk.Menu(root)
  root.configure(menu=menu)
  m = tk.Menu(menu,tearoff=0)
  m.add_command(label='画像ファイルを開く',
    under=0,command=load_image)
  m.add_command(label='xlsxファイルに保存',
    under=0,command=save_xlsx) #⑩
  m.add_separator() #⑪
  m.add_command(label='終了',under=0,command=sys.exit) #⑫
  menu.add_cascade(label='ファイル',under=0,menu=m)
```

```
if __name__ == '__main__':
  month = datetime.date.today().strftime('%Y-%m')
  day = datetime.date.today().strftime('%Y-%m-%d')
  root = tk.Tk()
  root.title('レシートの商品名と価格を家計簿に追記')
  set_menu(root)
  receipt = Receipt(root)
  root.mainloop()
```

【コードの解説】

①Excelファイルへの家計簿を書き出す「save_xlsx」関数。
②レシート文字列が作成されているか調べる。
③もし②が成り立つ場合、現在のレシート状態が「price」か調べる。
④もし③が成り立つ場合、レシートの価格リストの最後の要素に価格エントリーの値を代入。
⑤ワークブックとワークシートを用意。
⑥ワークシートの最終行の次の行を取得。
⑦「for」文で"0～レシートの商品リストの要素数未満"までループ。
⑧ワークシートに日付と商品と価格を追加していく。
⑨ワークブックを「ExpensesSample.xlsx」ファイルに保存。
⑩「xlsxファイルに保存」メニューを追加。このメニューを実行したら「save_xlsx」関数(①)を呼び出す。
⑪メニューをセパレータで区切る。
⑫「終了」メニューを追加。

■この章のまとめ

この章では、第5章の家計簿のコードに、「PyOCR」モジュールを追加して、レシート画像から家計簿をつけました。

「AI」でミニトマトの消費期限を予測

ついに、最後の章となりました。

この章では画像認識AI「TensorFlow」に毎日ミニトマトが痛んでいくところを撮った写真を学習させて、「ミニトマトの消費期限」を学習させます。

そして、その学習データを使って、指定した「ミニトマト画像」の「消費期限」を予測させます。

8-1 「画像認識AI」について

この節では、各サンプルフォルダの画像をそれぞれ対応するxlsxファイルに保存します。

まず「2021-10-04」フォルダの「IMG_3054.jpg」を「Tomato01Sample.xlsx」に、次に「2021-10-04」フォルダのすべての画像を「Tomato02Sample.xlsx」に、

それから「2021-10-04」～「2021-10-14」フォルダのすべての画像を「Tomato03Sample.xlsx」に保存します。

■画像認識AIの機能

残念なことに、どのミニトマト画像も似ているので、痛んでいることを判断できるほど正確な予測はできません。

本来は、どの日にちのミニトマトもミニトマトの1つだと判定するぐらいしか画像認識できないようです。

また、実は「Excel」に画像を保存しなくても、学習データに直接できます。

ただし、「Excel」ファイルであれば、データを「Excel」で開いて、可視化できる利点があります。

この節で新たに出てくる機能は、次の表のようになります。

「listdir」関数	引数のフォルダにあるファイルの一覧を取得
「format」メソッド	文字列を書式設定して任意の文字列を作成

■ミニトマトの写真のサンプルコード

このサンプルは「08tomatoexcel」→「tomato01.py」にあります。

「日にち」は定数にしなくてもいいのですが、管理のしやすさから定数にしています。

「定数」とは書きましたが、Pythonに定数はなく、「変数」を大文字で書くことで「定数」と呼んでいるだけです。

「日にち」と「フォルダ名」「パス名」を「変数」にしているのは、後のサンプルコードで使いやすくするためです。

このサンプルを実行すると、次の図のように1枚だけのミニトマトの画像を「Tomato01Sample.xlsx」ファイルに保存します。

ファイルをExcelで開けば、確認できます。

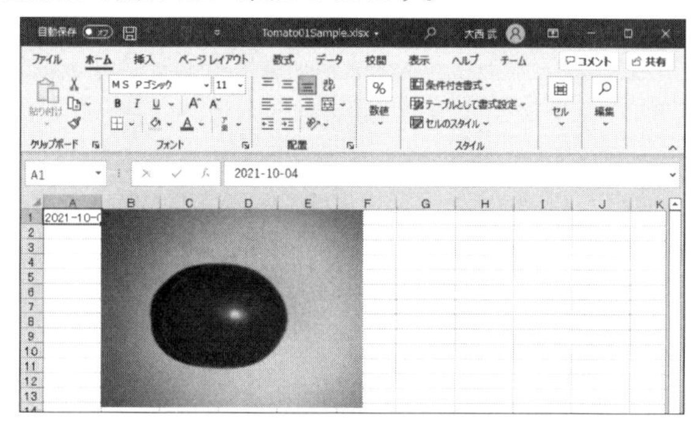

図8-1　1枚のミニトマト画像を「Tomato01Sample.xlsx」に保存

リスト8-1　tomato01.py

```
import openpyxl #①
from openpyxl.drawing.image import Image #②

wb = openpyxl.Workbook() #③
ws = wb['Sheet'] #④

TOMATO_DAY = '2021-10-04' #⑤
folder_tomato = TOMATO_DAY + '/' #⑥
path_tomato = 'IMG_3054.jpg' #⑦
```

```
a = ws['A1'] #⑧
a.value = TOMATO_DAY #⑨
img = Image(folder_tomato+path_tomato) #⑩
ws.add_image(img,'B1') #⑪

wb.save('Tomato01Sample.xlsx') #⑫
```

【コードの解説】

①「openpyxl」モジュールのインポート。
②「openpyxl.drawing.image」モジュールの「Image」クラスのインポート。
③ワークブックを新規作成。
④ワークシート「Sheet」を取得。
⑤ミニトマト画像の日にちを「TOMATO_DAY」に代入。
⑥「TOMATO_DAY」に「/」を追加してフォルダ名を「folder_tomato」に代入。
⑦ミニトマトの画像ファイル名「IMG_3054.jpg」を「path_tomato」に代入。
⑧セル「A1」を取得。
⑨セル「A1」の値にミニトマトの日にちを代入。
⑩ミニトマト画像のフォルダとパス名で画像の読み込み。
⑪セル「B1」に画像の追加。
⑫ワークブックを「Tomato01Sample.xlsx」ファイルに保存。

■「複数のトマト」のサンプルコード

このサンプルは「08tomatoexcel」→「tomato02.py」にあります。

[filename for filename in os.listdir(folder_tomato)]の「listdir」関数でfolder_tomatoフォルダ内のファイルの一覧を取得したファイル名をforループしてリストにしてpath_tomato変数に代入します。

セルの行番号を「i」変数に“1”加算しているのは、Excelでは最初の行が“0”からではなく“1”から始まるからです。

このサンプルを実行すると、図のように1日分だけの14枚のミニトマトの画像を「Tomato02Sample.xlsx」ファイルに保存します。

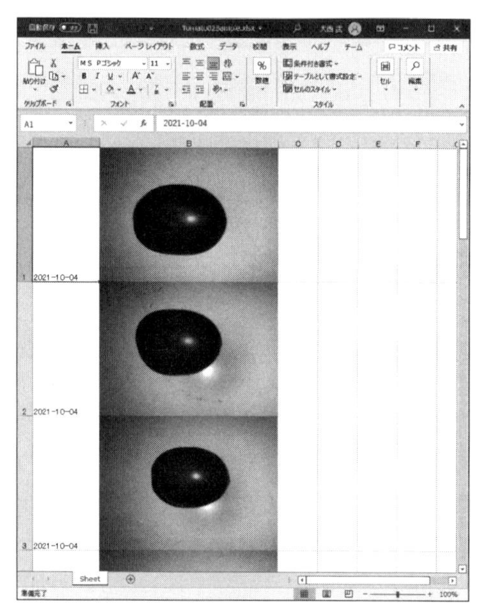

図8-2　1日分のミニトマト画像を「Tomato02Sample.xlsx」に保存

リスト8-2　tomato02.py

```
import os #①
import openpyxl
from openpyxl.drawing.image import Image

wb = openpyxl.Workbook()
ws = wb['Sheet']

TOMATO_DAY = '2021-10-04'
folder_tomato = TOMATO_DAY + '/'
path_tomato = [filename for filename in os.listdir(
  folder_tomato)] #②

for i,path in enumerate(path_tomato): #③
  a = ws['A'+str(i+1)] #④
  a.value = TOMATO_DAY
  img = Image(folder_tomato+path) #⑤
  ws.add_image(img,'B'+str(i+1)) #⑥
  ws.row_dimensions[i+1].height = 240*3/4 #⑦
```

```
ws.column_dimensions['A'].width = 180/8 #⑧
ws.column_dimensions['B'].width = 480/8 #⑨

wb.save('Tomato02Sample.xlsx') #⑩
```

【コードの解説】

①「os」モジュールのインポート。
②ミニトマト画像のあるフォルダから画像一覧をリストで取得して「path_tomato」変数に代入。
③「for」文でミニトマト画像のファイル名の要素数だけループ。
④「A列i+1行」のセルを取得。
⑤forループしているパス名でミニトマトファイルを読み込み。
⑥「B列i+1行」のセルにミニトマト画像を追加。
⑦「i+1行」のセルの高さを「240ピクセル」にセット。
⑧A列のセルの幅を「180ピクセル」にセット。
⑨B列のセルの幅を「480ピクセル」にセット。
⑩ワークブックを「Tomato02Sample.xlsx」ファイルに保存。

■「11日分のトマト」のサンプルコード

このサンプルは「08tomatoexcel」→「tomato03.py」にあります。

ミニトマトの写真の日にちの開始日が「START_DAY」です。
ミニトマトの写真の終了日の「LAST_DAY」に1加算しているのは、for文が最終日未満までループするからです。

前のサンプルでは関数にしていませんでしたが、このサンプルでは画像の読み込みとExcelへの画像追加を「excel」関数にして処理をシンプルにしています。

このサンプルを実行すると、図のように11日分のミニトマトの画像を「Tomato03Sample.xlsx」ファイルに保存します。
ファイルをExcelで開くと、ワークシートが11日分あるのが分かります。

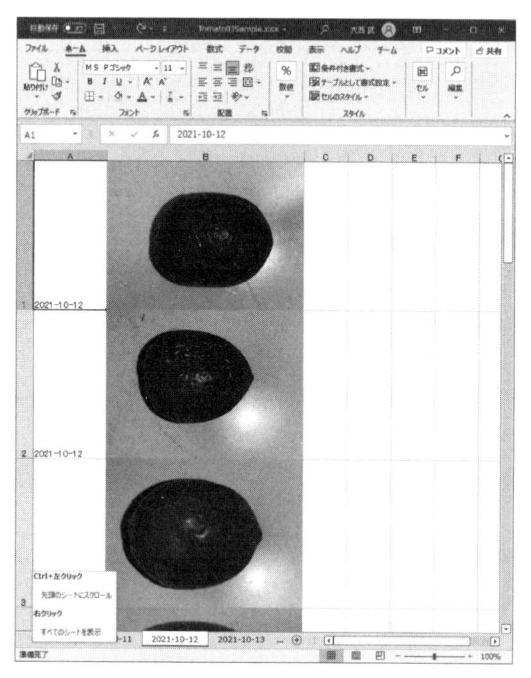

図8-3　11日間のミニトマト画像をTomato03Sample.xlsxに保存

リスト8-3　tomato03.py

```
import os
import openpyxl
from openpyxl.drawing.image import Image

START_DAY = 4 #①
LAST_DAY = 14+1 #②

def excel(wb,s): #③
  day = '2021-10-{:0=2}'.format(s) #④
  ws = wb.create_sheet(title=day) #⑤
  folder_tomato = day + '/' #⑥
  path_tomato = [filename for filename in os.listdir(
    folder_tomato)] #インデント
  for i,path in enumerate(path_tomato): #インデント
    a = ws['A'+str(i+1)] #インデント
    a.value = day #⑦
```

```
    img = Image(folder_tomato+path) #インデント
    ws.add_image(img,'B'+str(i+1)) #インデント
    ws.row_dimensions[i+1].height = 240*3/4 #インデント
  ws.column_dimensions['A'].width = 180/8
  ws.column_dimensions['B'].width = 480/8

if __name__ == '__main__': #⑧
  wb = openpyxl.Workbook() #⑨
  wb.remove(wb['Sheet']) #⑩
  for s in range(START_DAY,LAST_DAY): #⑪
    excel(wb,s) #⑫
  wb.save('Tomato03Sample.xlsx') #⑬
```

【コードの解説】

①写真の日にちの開始日。
②写真の日にちの終了日。
③ミニトマト画像の1日分の写真画像の読み込みとExcelファイルへ追加するexcel関数。
④2021年10月○○日の日にちを「day」変数に代入。
⑤dayの日付を名前にしてワークシートを作成。
⑥dayの日付からフォルダ名を「folder_tomato」変数に代入。
⑦ワークシートのA列i+1行の値に日にちをセット。
⑧このtomato03.pyがメインのファイルであるか調べる。
⑨もし⑧が成り立つ場合、ワークブックを作成。
⑩ワークシート「Sheet」を削除。
⑪for文でミニトマトの開始日から終了日未満までループ。
⑫excel関数(③)を呼び出す。
⑬ワークブックをTomato03Sample.xlsxファイルに保存。

8-2 「Excelファイル」から画像を取り出す

この節では、ミニトマトの消費期限を学習する前に、「ZipFile」モジュールで「xlsx」ファイルを展開して、「ミニトマト画像」を読み込みます。

■xlsxファイルから画像取り出し

8-2、8-3では、画像認識してミニトマト画像を学習しますが、8-2では、まずミニトマト画像を「Excelファイル」から取り出します。

最初のミニトマト画像だけ、ウィンドウに表示します。
この節で新たに出てくる機能は次の表のようになります。

「resize」関数	OpenCVで画像を引数の幅高さのサイズに拡大縮小

■Excelファイルから画像を取り出すサンプルコード

このサンプルは「08tomatoexcel」→「learn01.py」にあり、3-6の「03excel」→「loadimage.py」を書き換えて、コードを足していきます。

次の節で画像認識を高速化するために「cv2.resize」関数でミニトマト画像の幅高さを“100×100”に縮小します。

「cv2.imshow」関数でミニトマト画像をウィンドウに表示します。
「cv2.waitKey」関数で何らかのキーが押されるまで待って、「cv2.destroyAllWindows」関数ですべてのウィンドウを閉じます。

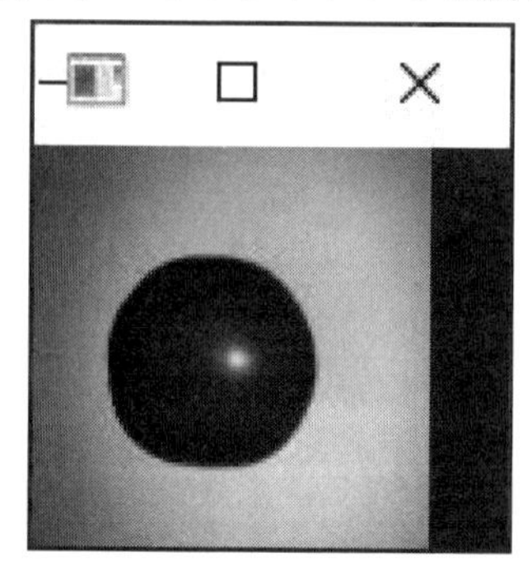

図8-4　Excelファイルから取り出したミニトマト画像の表示

リスト8-4　learn01.py

```
import os
import zipfile
import cv2
import numpy as np
from pathlib import Path

TOMATO_NUM = 14 #①
TOMATO_DAYS = 11 #②
IMAGE_SIZE = 100 #③

def excel(xlsx_path):
  img_tomato = [] #④
  xlsx_zip = zipfile.ZipFile(xlsx_path)
  zipped_files = xlsx_zip.namelist()
  for file in zipped_files:
    ext = os.path.splitext(file)
    if ext[1].lower() != '.jpeg': continue #⑤
    img_file = xlsx_zip.open(file)
    data = img_file.read()
    img = cv2.imdecode(np.frombuffer(
      data,dtype=np.uint8),cv2.IMREAD_UNCHANGED)
    img = cv2.resize(img,(IMAGE_SIZE,IMAGE_SIZE)) #⑥
    img_tomato.append(img) #⑦
    if show(file,img): break #⑧
  xlsx_zip.close()
  return img_tomato #⑨

def show(file,img):
  cv2.imshow(file,img)
  cv2.waitKey(0)
  cv2.destroyAllWindows()
  return True #⑩

if __name__ == '__main__':
  img_tomato = excel(Path('Tomato03Sample.xlsx')) #⑪
```

【コードの解説】

①ミニトマト画像の1日の総数を“14個”にセット。
②ミニトマト画像の日数を“11日間”にセット。
③画像の幅高さのサイズを“100×100”にセット。
④空のリストを「img_tomato」変数に代入。
⑤xlsxファイルから取り出したファイルの拡張子が.jpegなら後ろの処理を飛ばしてforループの続きに戻る。
⑥ミニトマト画像データの幅高さを“100×100”に縮小。
⑦「img_tomato」変数の後ろにimg変数をリストの要素として追加。
⑧「show」関数が終わったらfor文を抜ける。
⑨「excel」関数の戻り値としてimg_tomato変数を返す。
⑩「show」関数から戻り値としてTrueを返す。
⑪「Tomato03Sample.xlsx」ファイルを開くようにexcel関数を呼び出す。

8-3 「画像認識」と「学習」

ミニトマトの写真画像を「1日14枚」「11日間」で痛んでいく過程を画像認識して学習させます。

11日目が消費期限切れのミニトマトとして、それまでの経過日数を学習させます。

■画像認識に使う機能

「画像認識」を行なうには、AIである「TensorFlow」モジュールなどを駆使します。

「TensorFlow」でディープラーニングモデルを構築して学習するのに、「高レベルAPI」の「Keras」を使います。

「高レベルAPI」とは、深くにある低レベルAPIを、扱いやすく浅くから使えるようにしたプログラムのことです。 この節で新たに出てくる機能は次の表のようになります。

少し面倒ですが、「Keras」のニュアンスが分かるだけで大丈夫です。

「tensorflow.keras」モジュール	KerasとはPythonで実行可能な高水準のニューラルネットワークライブラリ
「tensorflow.keras.utils」モジュール	Kerasのユーティリティ
「to_categorical」関数	ベクトルデータをバイナリーの行列データに変換
「tensorflow.keras.layers」モジュール	Kerasのレイヤーでレイヤーの重みと入力から出力への変換をカプセル化
「Dense」クラス	レイヤーの規則的に密集した繋がりのクラス
「Flatten」クラス	レイヤーの入力を平らにするクラス
「Input」クラス	Kerasの入力のインスタンスを生成するクラス
「tensorflow.keras.applications.vgg16」モジュール	深さが16層の100万枚を超える画像を事前に学習したデータ
「VGG16」クラス	事前に学習した画像認識データのインスタンスを生成するクラス
「tensorflow.keras.models」モジュール	レイヤーを学習したり推測した特徴でオブジェクトにグループ分け
「Model」クラス	レイヤーを学習したり推測した特徴でオブジェクトにグループ分けするインスタンスを生成するクラス
「Sequential」クラス	各レイヤーに1つの入力テンソルと1つの出力テンソルだけがあるレイヤーのまっさらなスタックのクラス
「optimizers」関数	モデルをコンパイルする際に必要となる最適化アルゴリズム
「array」関数	「NumPy」モジュールで配列を作成
「add」メソッド	レイヤーを追加して「Sequential」モデルを作成
「trainable」プロパティ	Kerasのレイヤーかモデルを学習するかしないかを設定
「compile」メソッド	トレーニングの構成である「オプティマイザ」「損失」「メトリック」を指定
「fit」メソッド	データをバッチサイズにスライスし、指定された数のエポック間にデータセット全体を繰り返し反復してモデルを学習
「save」メソッド	作成したKerasモデルの学習データを保存

■「トマトの経過日数」を学習するサンプルコード

このサンプルは「08tomatoexcel」→「learn02.py」にあります。

ここでは、まずミニトマトの画像データを「excel」関数で読み込んで、「training」関数でそれぞれの画像の経過日数“0～10日”を「NumPy」配列に入れて答えデータ「train_answer」変数にセットします。

そして、Kerasを駆使して学習済みデータを元に、「compile」メソッドで画像認識学習の設定をし、「fit」メソッドで画像認識学習をして進捗状況をターミナルに表示します。

学習が終了したら、「save」メソッドで学習データを「tomato_model」フォルダに保存します。

このサンプルを実行すると、図のようにKerasの学習がスタートしターミナルに進捗状況が表示されます。

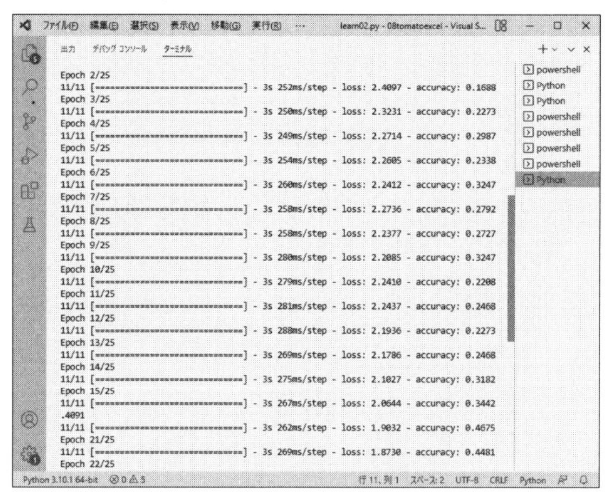

図8-5 Kerasモデルの学習状況

リスト8-5 learn02.py

```
import os
import zipfile
import cv2
import numpy as np
from pathlib import Path
from tensorflow.keras.utils import to_categorical #①
from tensorflow.keras.layers import Dense,Flatten,Input #②
from tensorflow.keras.applications.vgg16 import VGG16 #③
from tensorflow.keras.models import Model,Sequential #④
from tensorflow.keras import optimizers #⑤

TOMATO_NUM = 14
TOMATO_DAYS = 11
IMAGE_SIZE = 100
```

```
def excel(xlsx_path):
  img_tomato = []
  xlsx_zip = zipfile.ZipFile(xlsx_path)
  zipped_files = xlsx_zip.namelist()
  for file in zipped_files:
    ext = os.path.splitext(file)
    if ext[1].lower() != '.jpeg': continue
    img_file = xlsx_zip.open(file)
    data = img_file.read()
    img = cv2.imdecode(np.frombuffer(
      data,dtype=np.uint8),cv2.IMREAD_UNCHANGED)
    img = cv2.resize(img,(IMAGE_SIZE,IMAGE_SIZE))
    img_tomato.append(img)
#削除    if show(file,img): break #⑥
  xlsx_zip.close()
  return img_tomato

def training(img_tomato): #⑦
  image = np.array(img_tomato) #⑧
  answer = np.array(
    [0]*TOMATO_NUM+[1]*TOMATO_NUM+[2]*TOMATO_NUM+
    [3]*TOMATO_NUM+[4]*TOMATO_NUM+[5]*TOMATO_NUM+
    [6]*TOMATO_NUM+[7]*TOMATO_NUM+[8]*TOMATO_NUM+
    [9]*TOMATO_NUM+[10]*TOMATO_NUM) #⑨
  train_image = image[:len(image)] #⑩
  train_answer = answer[:len(answer)] #⑪
  train_answer = to_categorical(train_answer) #⑫
  input_tensor = Input(shape=(IMAGE_SIZE,IMAGE_SIZE,3)) #⑬
  vgg16 = VGG16(include_top=False,
    weights='imagenet',input_tensor=input_tensor) #⑭
  top_model = Sequential() #⑮
  top_model.add(Flatten(
    input_shape=vgg16.output_shape[1:])) #⑯
  top_model.add(Dense(
    TOMATO_NUM,activation='hard_sigmoid')) #⑰
  top_model.add(Dense(TOMATO_DAYS,activation='softmax')) #⑱
  model = Model(
    inputs=vgg16.input,outputs=top_model(vgg16.output)) #⑲
  for layer in model.layers[:15]: #⑳
    layer.trainable = False #㉑
```

```
  model.compile(loss='categorical_crossentropy',
    optimizer=optimizers.SGD(lr=1e-4, momentum=0.9),
    metrics=['accuracy']) #㉒
  train = model.fit(train_image,train_answer,
    batch_size=TOMATO_NUM,epochs=25) #㉓
  return model #㉔

if __name__ == '__main__':
  img_tomato = excel(Path('Tomato03Sample.xlsx'))
  model = training(img_tomato) #㉕
  model.save('tomato_model') #㉖
```

【コードの解説】

①「tensorflow.keras.utils」モジュールの「to_categorical」関数のインポート。
②「tensorflow.keras.layers」モジュールの「Dense」クラスと「Flatten」クラスと「Input」クラスのインポート。
③「tensorflow.keras.applications.vgg16」モジュールの「VGG16」クラスのインポート。
④「tensorflow.keras.models」モジュールの「Model」クラスと「Sequential」クラスのインポート。
⑤「tensorflow.keras」モジュールの「optimizers」関数のインポート。
⑥(不要なので削除)
⑦ミニトマト画像を画像認識して学習するtraining関数。
⑧「img_tomato」引数を配列「image」変数に変換。
⑨「0」がTOMATO_NUMの数だけ、続けて「1」がTOMATO_NUMの数だけ・・・、「10」がTOMATO_NUMの数だけの配列「answer」変数を作成。
⑩「image」変数を「train_image」変数に代入。
⑪「answer」変数を「train_answer」変数に代入。
⑫「train_answer」データをバイナリーの行列データに変換。
⑬「Input」クラスのインスタンスを生成して「input_tensor」変数に代入。
⑭「VGG16」クラスのインスタンスを生成して「vgg16」変数に代入。
⑮「Sequential」クラスのインスタンスを生成して「top_model」変数に代入。
⑯学習済みデータを平らにして「top_model」変数に追加。
⑰1日のミニトマトの数の密集データを「top_model」変数に追加。
⑱11日間のミニトマトの密集データを「top_model」変数に追加。
⑲「Model」クラスのインスタンスを生成して「model」変数に代入。

⑳「for」文でレイヤーの数だけループ。
㉑学習するかに「False」をセット。
㉒Modelクラスの「compile」メソッドで学習の構成をセット。
㉓Modelクラスの「fit」メソッドでミニトマトの学習を実行。
㉔「training」関数の戻り値として「model」変数を返す。
㉕「training」関数(⑦)を呼び出す。
㉖「tomato_model」というフォルダを作って学習データを保存。

Column SSL認証のエラー

この節のコードでは、「macOS」の場合、「VGG16」にエラーが出る可能性があります。

なぜなら、SSL認証に失敗するからです。

もしかすると「Windows」の場合でも同じエラーが出る可能性があるかもしれません。

その場合、以下の2行を「learn02.py」に追加してください。

ただし、SSL認証の検証を行なわなくなりセキュリティ的に問題があるので、確実に安全な場合以外はお勧めしません。

・SSL認証の検証を行なわないようにセットする

```
import ssl
ssl._create_default_https_context = ssl._create_
unverified_context
```

8-4 「ファイルを開く」ダイアログ

この節では、「ファイルを開く」ダイアログについて解説します。

■「ファイルを開く」ダイアログ

8-4、**8-5**、**8-6**でミニトマト画像の消費期限を予測するのですが、この節では「画像ファイルを開く」メニューを実行すると「predict01.py」があるディレクトリからファイルを開くダイアログを開くだけします。

この節で新たに出てくる機能はありません。

■画像ファイルを開くサンプルコード

このサンプルは「08tomatoexcel」→「predict01.py」にあり、**6-8**の「06tkinter」→「menu02.py」を書き換えてコードを書き足していきます。

「predict」とは「予測する」という意味です。
「predict03.py」で画像認識AI「TensorFlow」(テンサーフロー)で予測します。

この節では、まだ「ファイルを開くダイアログ」だけです。
ここでは「learn02.py」で学習した画像認識データを元にミニトマトの消費期限を予測する下準備をします。

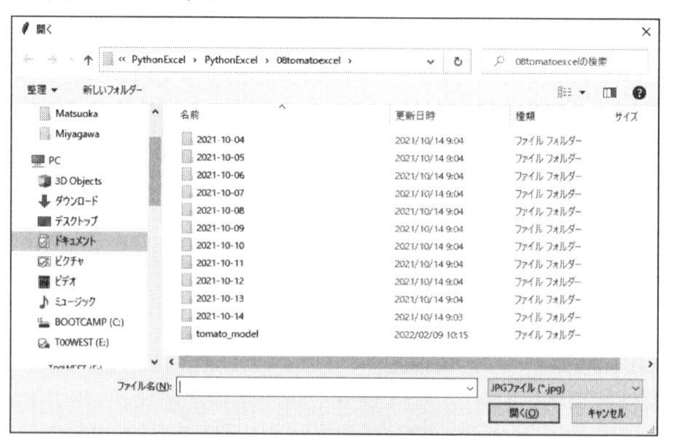

図8-6　ファイルを開くダイアログ

リスト8-6　predict01.py

```
import os #①
import sys
import tkinter as tk
from tkinter.filedialog import askopenfilename

FILE_TYPE = [("JPGファイル", "*.jpg"),
  ("JPEGファイル", "*.jpeg"),
  ("PNGファイル", "*.png"),] #②

def load_image(): #③
  dir = os.path.abspath(os.path.dirname('__file__')) #④
  filename = askopenfilename(
    filetypes=FILE_TYPE,initialdir=dir) #⑤

def set_menu(root):
  menu = tk.Menu(root)
  root.configure(menu=menu)
  m = tk.Menu(menu,tearoff=0)
  m.add_command(label='画像ファイルを開く',
    under=0,command=load_image) #⑥
  m.add_separator()
  m.add_command(label='終了',under=0,command=sys.exit)
  menu.add_cascade(label='ファイル',under=0,menu=m)

if __name__ == '__main__':
  root = tk.Tk()
  root.title('ミニトマトの消費期限をAIで予測')
  set_menu(root)
  root.mainloop()
```

【コードの解説】

①「os」モジュールをインポート。
②ファイルを開くダイアログの拡張子を「jpg」「jpeg」「png」を選べるようにする。
③画像を読み込む「load_image」関数。
④この「predict01.py」があるディレクトリを取得。
⑤ファイルを開くダイアログを開く。
⑥画像ファイルを開くメニューの追加。実行したら「load_image」関数（③）を呼び出す。

8-5 「暫定的な消費期限」の表示

この節では、暫定的にミニトマトの消費期限を表示する解説をします。

■暫定的な消費期限の表示

ミニトマトの画像を読み込んだら暫定的に消費期限を「10日」とだけ表示します。

まだAIは使っていません。

この節で新たに出てくる機能は、次のようになります。

「tkinter.font」モジュール	「フォント」(字体)を扱うモジュール
「font」クラス	フォントの「字体」や「サイズ」「太さ」などを扱うクラス

■「ミニトマトの消費期限の予測」の準備をするサンプルコード

このサンプルは「08tomatoexcel」→「predict02.py」にあります。

「TOMATO」変数に「2021-10-04」～「2021-10-14」までの年月日を用意します。

これは、ミニトマトの画像が格納されたフォルダ名です。

「Font」(フォント)クラスでラベルの文字を大きく表示するようにセットします。

「predict○○.py」で出てくるGUIは、「ウィンドウ」と「このラベル」「メニュー」「ファイルを開くダイアログ」だけです。

このサンプルを実行すると、次の図のように「ミニトマトの消費期限は」と表示します。

メニューで画像ファイルを開いても、まだAIで予測した消費期限ではなく、固定の「消費期限は10日」と表示されるだけです。

図8-7 消費期限の仮表示

リスト8-7　predict02.py

```
import os
import sys
import tkinter as tk
from tkinter.filedialog import askopenfilename
from tkinter.font import Font #①

TOMATO = (
  '2021-10-04','2021-10-05','2021-10-06','2021-10-07',
  '2021-10-08','2021-10-09','2021-10-10','2021-10-11',
  '2021-10-12','2021-10-13','2021-10-14') #②
TOMATO_DAYS = len(TOMATO)-1 #③
FILE_TYPE = [("JPGファイル", "*.jpg"),
  ("JPEGファイル", "*.jpeg"),
  ("PNGファイル", "*.png"),]
expire = None #④

def predict_tomato(image_file): #⑤
  return 0 #⑥

def load_image():
  global expire
  expire.set('ミニトマトの消費期限は')
  dir = os.path.abspath(os.path.dirname('__file__'))
  filename = askopenfilename(
    filetypes=FILE_TYPE,initialdir=dir)
  if filename: #⑦
    result = TOMATO_DAYS - predict_tomato(filename) #⑧
    expire.set('消費期限はあと'+str(result)+'日です。') #⑨

def set_menu(root):
  menu = tk.Menu(root)
  root.configure(menu=menu)
  m = tk.Menu(menu,tearoff=0)
  m.add_command(label='画像ファイルを開く',
    under=0,command=load_image)
  m.add_separator()
  m.add_command(label='終了',under=0,command=sys.exit)
  menu.add_cascade(label='ファイル',under=0,menu=m)
```

```
if __name__ == '__main__':
    root = tk.Tk()
    root.title('ミニトマトの消費期限をAIで予測')
    set_menu(root)
    expire = tk.StringVar() #⑩
    expire.set('ミニトマトの消費期限は') #⑪
    font = Font(size="32",weight="bold") #⑫
    label = tk.Label(root,textvariable=expire,font=font) #⑬
    label.pack(fill='x',padx=5,pady=5) #⑭
    root.mainloop()
```

【コードの解説】

①「tkinter.font」モジュールの「Font」クラスをインポート。
②ミニトマトの画像のある「フォルダ名」。
③ミニトマトが腐るまでの「日数の合計」。
④消費期限の文字列の「expire」変数。
⑤ミニトマトの消費期限を予測する「predict_tomato」関数。
⑥暫定的に戻り値に“0”を返す。戻り値は「ミニトマトの経過日数」。
⑦ファイルを開くダイアログでファイル名を指定しているか調べる。
⑧もし⑦が成り立つ場合、ミニトマトが腐るまでの合計日数から「ミニトマトの経過日数を予測した値」を減算。
⑨「消費期限までの残り日数」をセット。
⑩「String」型の文字列を保持する「StringVar」クラスのインスタンスを生成して「expire」変数に代入。
⑪ウィンドウのラベルにセットするための文字列「ミニトマトの消費期限は」をセット。
⑫フォントサイズを「32」、太さをボールドにして「Font」クラスのインスタンスを生成して「font」変数に代入。
⑬消費期限をラベルのインスタンスを生成して「label」変数に代入。
⑭ラベルを配置。

8-6 消費期限の予測

学習データを元に、ミニトマトの画像から「消費期限の予測」をします。
学習データは「8-3」で作った「tomato_model」フォルダにあります。

■予測AIのための機能

予測AIも「TensorFlow」の高レベルAPI「Keras」を使います。
すでに8-3でミニトマトの画像を学習済みのデータがあるので、それを「load_model」メソッドで読み込んで、「predict」メソッドで予測させればいいだけです。
学習の時より、ずっとシンプルです。この節で新たに出てくる機能は次の表のようになります。

「numpy」モジュール	「ベクトル」(1次元配列)や「行列」(2次元配列)などNumPy形式の多次元配列を作成
「asarray」関数	引数のリストをNumPy形式の配列に変換
「loadmodel」メソッド	画像認識し「save」メソッドで保存した学習データを読み込む
「predict」メソッド	画像認識して学習したデータを使って予測
「nanargmax」関数	配列の中から最大値を取得。NaNが含まれる配列はNaNが最大値とみなされる

■トマトの消費期限の予測のサンプルコード

このサンプルは「08tomatoexcel」→「predict03.py」にあります。

「cv2」モジュールでミニトマト画像を読み込んでリストの1要素にして「NumPy」配列に変換して、「tomato_model」フォルダにある学習データを元にそのミニトマトの経過日数を予測します。
学習データにはミニトマトが“0～10日”経過した日数が数値で入っています。

経過日数は100%当てるのではなく、「0日経過の確率」を“0～1”で、「1日経過の確率」を“0～1”で…、「10日経過の確率」を…といったふうに、小数でそれぞれの確率を結果として得ます。
その確率が1番高い経過日数を「答え」にします。

このサンプルを実行し画像ファイルを読み込むと、次の図のようにそのミニトマトの消費期限をウィンドウのラベルに表示します。

図8-8　ミニトマトの消費期限を予測

リスト8-8　predict03.py

```
import os
import sys
import cv2 #①
import tkinter as tk
from tkinter.filedialog import askopenfilename
from tkinter.font import Font
import numpy as np #②
import tensorflow.keras as keras #③

TOMATO = (
  '2021-10-04','2021-10-05','2021-10-06','2021-10-07',
  '2021-10-08','2021-10-09','2021-10-10','2021-10-11',
  '2021-10-12','2021-10-13','2021-10-14')
TOMATO_DAYS = len(TOMATO)-1
FILE_TYPE = [("JPGファイル", "*.jpg"),
  ("JPEGファイル", "*.jpeg"),
  ("PNGファイル", "*.png"),]
IMAGE_SIZE = 100 #④
expire = None

def predict_tomato(image_file):
  img = cv2.imread(image_file) #⑤
  img = cv2.resize(img,(IMAGE_SIZE,IMAGE_SIZE)) #⑥
  img_predict = [img,] #⑦
  img_predict = np.asarray(img_predict) #⑧
  model = keras.models.load_model('tomato_model') #⑨
  result = model.predict(img_predict) #⑩
  for i in range(len(img_predict)): #⑪
    print(
      '[{0[0]} {0[1]} {0[2]} {0[3]}'.format(TOMATO),
      '{0[4]} {0[5]} {0[6]} {0[7]}'.format(TOMATO),
      '{0[8]} {0[9]} {0[10]}]'.format(TOMATO),
```

```
      '= {0}'.format(result[i])) #⑫
    return np.nanargmax(result[i]) #⑬
  return 0

def load_image():
  global expire #⑭
  expire.set('ミニトマトの消費期限は') #⑮
  dir = os.path.abspath(os.path.dirname('__file__'))
  filename = askopenfilename(
    filetypes=FILE_TYPE,initialdir=dir)
  if filename:
    result = TOMATO_DAYS - predict_tomato(filename)
    expire.set('消費期限はあと'+str(result)+'日です。')

def set_menu(root):
  menu = tk.Menu(root)
  root.configure(menu=menu)
  m = tk.Menu(menu,tearoff=0)
  m.add_command(label='画像ファイルを開く',
    under=0,command=load_image)
  m.add_separator()
  m.add_command(label='終了',under=0,command=sys.exit)
  menu.add_cascade(label='ファイル',under=0,menu=m)

if __name__ == '__main__':
  root = tk.Tk()
  root.title('ミニトマトの消費期限をAIで予測')
  set_menu(root)
  expire = tk.StringVar()
  expire.set('ミニトマトの消費期限は')
  font = Font(size="32",weight="bold")
  label = tk.Label(root,textvariable=expire,font=font)
  label.pack(fill='x',padx=5,pady=5)
  root.mainloop()
```

【コードの解説】

①「cv2」モジュールのインポート。
②「NumPy」モジュールを「np」としてインポート。
③「tensorflow.keras」モジュールを「keras」としてインポート。
④画像をリサイズする際、縦横を"100"にセット。
⑤引数の画像を読み込む。
⑥画像を"100×100"に縮小。
⑦画像のリストを作成して「img_predict」変数に代入。
⑧リストを「NumPy」配列に変換。
⑨「tomato_model」フォルダの学習データを読み込む。
⑩ミニトマトの経過日数を予測。
⑪「for」ループで"0〜img_predict変数のサイズ未満"までループ。
⑫予測結果から経過日数が"0〜10日"のそれぞれの日においての可能性を数値でターミナルに表示。
⑬可能性の確率が1番高い日数を戻り値で返す。
⑭「expire」変数を「load_image」関数内で代入や取得できるように。
⑮文字列「ミニトマトの消費期限は」をラベルにセット。

*

■この章のまとめ

この章ではミニトマトが腐るまでの写真をAIに学習させて、指定したミニトマトの写真の消費期限を予測させました。

これで、本書の内容は全て終了しました。お疲れさまでした。

索　引

記号・数字

アルファベット

《A》

《B》

《C》

《D》

《E》

《G》

《H》

《I》

《K》

《L》

《M》

《N》

《O》

■著者略歴

大西　武（おおにし・たけし）

1975年香川県生まれ。大阪大学経済学部経営学科中退。
(株)カーコンサルタント大西で役員を務める。

アイデアを考えたり、20言語以上のプログラミングをしたり、3DCGなどの絵を描いたり、ギターなどで演奏作詞作曲したり、デザインしたり、文章を書いたりするクリエイター。
写真は2021年に撮影したもの。

[Twitterアカウント]

@Roxiga

[主な著書]

・Python3 3Dゲームプログラミング(工学社)
・Pythonではじめる3Dツール開発(シーアンドアール研究所)
・OpenGL ESを使ったAndroid 2D/3Dゲームプログラミング(秀和システム)
・3D IQ間違い探し(主婦の友社)　など

[主な受賞歴]

・NTTドコモ「MEDIAS Wアプリ開発コンテスト」グランプリ
・Microsoft「Windows Vistaソフトウェアコンテスト」大賞　など

[主なTV放送]

・NHK BS「デジタルスタジアム」
・フジテレビ「脳テレ～あたまの取扱説明書(トリセツ)～」　など

本書の内容に関するご質問は、
①返信用の切手を同封した手紙
②往復はがき
③FAX (03)5269-6031
（返信先のFAX番号を明記してください）
④E-mail　editors@kohgakusha.co.jp
のいずれかで、工学社編集部あてにお願いします。
なお、電話によるお問い合わせはご遠慮ください。

サポートページは下記にあります。

[工学社サイト]
http://www.kohgakusha.co.jp/

I/O BOOKS

Python&AIによるExcel自動化入門

2022年3月30日　初版発行　©2022

著　者　大西　武
発行人　星　正明
発行所　株式会社工学社
〒160-0004 東京都新宿区四谷 4-28-20 2F
電話　(03)5269-2041(代)　[営業]
　　　(03)5269-6041(代)　[編集]
振替口座　00150-6-22510

※定価はカバーに表示してあります。

印刷：(株)エーヴィスシステムズ

ISBN978-4-7775-2189-0